Celso Campello Neto

VALE-TRANSPORTE
UMA CONQUISTA NACIONAL

Copyright © 2021 de Celso Campello Neto
Todos os direitos desta edição reservados à Editora Labrador.

Coordenação editorial
Pamela Oliveira

Preparação de texto
Maurício Katayama

Projeto gráfico, diagramação e capa
Felipe Rosa

Revisão
Bonie Santos

Assistência editorial
Gabriela Castro
Larissa Robbi Ribeiro

Imagens de capa e miolo
Equipe de Marketing Benefício Certo

Dados Internacionais de Catalogação na Publicação (CIP)
Angélica Ilacqua – CRB-8/7057

Campello Neto, Celso
  Vale-transporte : uma conquista nacional / Celso Campello Neto. – São Paulo : Labrador, 2021.
  232 p. : il.

Bibliografia
ISBN 978-65-5625-129-5

1. Transporte patrocinado pelos empregadores 2. Transporte – Aspectos econômicos 3. Transporte – Aspectos sociais I. Título

21-0124   CDD 380.50981

Índice para catálogo sistemático:
1. Transporte patrocinado pelos empregadores

Editora Labrador
Diretor editorial: Daniel Pinsky
Rua Dr. José Elias, 520 – Alto da Lapa
05083-030 – São Paulo – SP
+55 (11) 3641-7446
contato@editoralabrador.com.br
www.editoralabrador.com.br
facebook.com/editoralabrador
instagram.com/editoralabrador

A reprodução de qualquer parte desta obra é ilegal e configura uma apropriação indevida dos direitos intelectuais e patrimoniais do autor.

A editora não é responsável pelo conteúdo deste livro. O autor conhece os fatos narrados, pelos quais é responsável, assim como se responsabiliza pelos juízos emitidos.

Em memória de Anita.
Para a minha esposa e os meus filhos.

SUMÁRIO

PREFÁCIO 9
NOTA DO AUTOR 13
INTRODUÇÃO 17

**PRIMEIRA PARTE: O COMPLEXO SISTEMA DE MOBILIDADE URBANA,
A POPULAÇÃO E O SURGIMENTO DO VALE-TRANSPORTE** 23

1. CAMINHOS PARA O BRASIL MODERNO...24
   Quando, em meio às contradições, nos fizemos modernos..........................24
   O desenvolvimentismo dos anos 1950..34
   O crescimento das cidades brasileiras..41

2. O TRANSPORTE NO MUNDO 48
   Ideias precursoras: o ônibus de Baudry e o trem de Trevithick 51
   A motorização elétrica e a combustão: os legados de Siemens, Carl Benz e Diesel 53
   Efeitos secundários, mas permanentes 55

3. O TRANSPORTE NO BRASIL NOS ÚLTIMOS CEM ANOS......................................59
   São Paulo toma as rédeas 63
   A chegada da Light e a expansão do transporte público..............................68
   Desdobramentos sociais e econômicos 71
   Mobilidade e moradia 73
   A integração e o acesso ao transporte público 81

Políticas tarifárias e operacionais 83
    Políticas tarifárias e suas relações com os sistemas de bilhetagem automática 87
Entidades públicas, entidades privadas e associações civis 91

4. O VALE-TRANSPORTE COMO CONQUISTA NACIONAL 101
A política tarifária e o surgimento do Vale-Transporte 102
A maturação de um projeto 105
Legalidade e instituição do Vale-Transporte 108

5. BILHETAGEM ELETRÔNICA 111
O processo de bilhetagem nos transportes: políticas tarifárias, meios de pagamento e arrecadação 112
A bilhetagem eletrônica simplificando a vida moderna 114
Mas, afinal, o que é bilhetagem eletrônica? 116
Os benefícios da bilhetagem eletrônica para a mobilidade urbana 120
O futuro da bilhetagem eletrônica e a transição para a bilhetagem digital 122
A bilhetagem na cidade de São Paulo: a implantação do Bilhete Único 125
O Bilhete Único como vetor do sistema de bilhetagem eletrônica 129
Os mecanismos de venda, arrecadação e repasse de créditos eletrônicos 132
Comercialização de créditos e recargas eletrônicas: a rede capilarizada 135
Comercialização e distribuição de Vale-Transporte: o atendimento empresarial ...136
Indicadores gerais da operação do sistema 137
Desafios tarifários 138

SEGUNDA PARTE: O COMPETITIVO E DESAFIADOR MUNDO DAS RELAÇÕES EMPRESARIAIS E SUAS RELAÇÕES COM O RH E COM O VALE-TRANSPORTE 143

6. O VALE-TRANSPORTE NO CONTEXTO EMPRESARIAL 144
A natureza dos benefícios 147
    O fator humano e o setor competitivo 148
    Recursos Humanos como parte da estratégia organizacional 149
    Sistemas de remuneração e a nova economia 153
        Remuneração estratégica 158
        Remuneração funcional 160
        Remuneração por habilidades e competências 161

Remuneração variável 162
　　Alternativas criativas 165
　　Remuneração por salário indireto 165
　　Conhecendo o sistema de benefícios 166
　Gestão de benefícios e o Vale-Transporte 171

7. O VALE-TRANSPORTE NA COMPOSIÇÃO DA MODERNA GESTÃO DE PESSOAL 175
　O trajeto do Vale-Transporte: emissão, distribuição e arrecadação 178
　Uma breve história dos formatos, da insegurança e da complexidade nacional ... 180
　O nascimento do setor de distribuição de Vale-Transporte 182
　O segmento de distribuição para empregadores:
　como agregar valor ao Vale-Transporte 184
　A transição vivida pelas empresas distribuidoras de Vale-Transporte
　com a chegada dos créditos eletrônicos e o futuro digital: tendências atuais 191

EPÍLOGO 197
CRONOLOGIA PARA UMA HISTÓRIA DO VALE-TRANSPORTE E
DOS TRANSPORTES NO BRASIL 199
BENEFÍCIO CERTO 215
BIBLIOGRAFIA E DOCUMENTOS 217

PREFÁCIO

Vale-Transporte é um tema que tem muitas faces de abordagem. Trata-se de um benefício social oferecido pelos empregadores aos seus contratados, caracterizando uma forma de subsídio para alguns assalariados, que têm seus gastos com transportes cobertos por seus empregadores. Trata-se também de uma das mais importantes fontes de financiamento do sistema de transporte coletivo urbano, em especial nas cidades que abrigam as maiores parcelas de atividade econômica no Brasil. E trata-se, ainda, do resultado de uma evolução histórica da organização social no país, que passa pela formalização das relações trabalhistas, obtida por meio de mobilização social e sindical e pela evolução do modelo de inserção do Brasil na economia mundial. Penso que qualquer um desses ângulos de abordagem do assunto seria capaz de gerar a produção de livros e trabalhos acadêmicos robustos e extensos.

O Vale-Transporte também é vital para a sustentação de um modelo moderno e solidário de relações trabalhistas e reflete mesmo sobre a vida de quem não o recebe por não ter emprego formal. Isso acontece porque a participação patronal no financiamento direto do transporte serve como um instrumento de contenção dos reajustes gerais de preço das tarifas de transporte.

Celso Campello Neto consegue abranger todos esses aspectos, oferecendo ao leitor leigo, ao especialista em recursos humanos ou ao especialista em transportes um contexto interessante para entender os aspectos capitais da função do Vale-Transporte na geração da atividade econômica do país, uma vez que existem evidências muito claras da relação entre a circulação de pessoas e a geração de riqueza e prosperidade.

O Vale-Transporte também pode ser analisado como um fenômeno de logística, uma vez que existe uma extensa operação destinada a fazer com que o benefício chegue individualmente a milhões de trabalhadores em todo o país. A indústria do Vale-Transporte evoluiu muito desde sua introdução, passando por diferentes formatos de concessão, indo do "passe de papel" ao cartão eletrônico.

Apesar de este livro não tratar especificamente dos serviços de distribuição do Vale-Transporte, a iniciativa privada, em muitos casos em parceria com os poderes públicos, fomentou e desenvolveu um sólido setor econômico da área de serviços voltados para a facilitação da gestão de recursos humanos das empresas em geral. Apenas na cidade de São Paulo, esse segmento movimenta mensalmente cerca de 400 milhões de reais. Inúmeras empresas atuam na captura de pedidos de Vale-Transporte e em sua distribuição, em uma atividade silenciosa e eficaz, quase despercebida. Trata-se de uma atividade cuja ausência ou atuação deficiente poderia gerar verdadeiro caos no processo de circulação de pessoas e no consumo de serviços e mercadorias.

Embora em prefácios não seja usual, vou incluir um pequeno depoimento sobre o Celso Campello Neto. Conheço o "Celsinho", como é carinhosamente chamado pelos mais próximos, há aproximadamente vinte anos. Ele foi um grande parceiro da minha melhor viagem profissional desde que comecei a trabalhar, em 1975.

Tive o prazer, a honra e a felicidade de fazer parte da equipe comandada pela prefeita Marta Suplicy e pelos secretários de transporte Carlos Zarattini e Jilmar Tatto. Essa equipe foi responsável pelo desenvolvimento, pela implantação e pelo início da operação do Bilhete Único na cidade de São Paulo em 2004, experiência de grande porte no país, que inseriu o cartão eletrônico na operação do serviço de transporte, permitindo que qualquer ônibus se tornasse um "ponto de integração". Isso reduziu o tempo de viagem e abriu inúmeras possibilidades de revisão dos métodos operacionais de todo o sistema. Além do tempo de viagem, muitos usuários economizaram dinheiro. Ouvi e li muitos depoimentos de pessoas que diziam ter passado a poder gastar mais com alimentação para suas famílias. Ouvir isso, como diz a propaganda, "não tem preço".

Pois bem, o Celso dirigia uma das maiores empresas do setor, que atuou desde o primeiro momento na comercialização do Vale-Transporte em sua modalidade eletrônica. Além do próprio Vale-Transporte, os créditos voltados para os demais usuários também foram objeto da minha parceria profissional com ele. A Prefeitura de São Paulo colocou um desafio para o setor privado para a criação de redes de venda de créditos de transporte espalhadas por toda a cidade. Com sua equipe, o Celso liderou um grande projeto de tecnologia e serviços, implantando e organizando a primeira rede, que chegou a ter cerca de 6 mil pontos de venda operando de maneira integrada e em tempo real. Não foi uma tarefa simples, muito menos sem percalços, mas o resultado mostrou a qualidade profissional do trabalho do Celso, que me orgulho de ter como um amigo.

Adauto Farias
Economista especializado em transportes públicos
Ex-diretor de gestão econômico-financeira da São Paulo Transportes (SPTrans), nos períodos de 2002 a 2004 e de 2013 a 2016

NOTA DO AUTOR

Como um dos precursores no segmento empresarial de gestão e distribuição de Vale-Transporte no Brasil, apresento aqui um livro cuja ideia surgiu em meio à dificuldade de encontrar material bibliográfico congregado sobre a história da implantação do benefício no Brasil. As fontes disponíveis são esparsas e provêm de áreas, associações e instituições distintas que nem sempre dialogam entre si. Por isso, esse campo de pesquisa carece de maior integração entre os setores de mobilidade urbana e transportes e os de administração de empresas, envolvendo a gestão de pessoas e benefícios.

Minha expressiva experiência obtida como executivo e empresário em mais de vinte anos atuando nos segmentos de projetos de engenharia e administração, envolvendo áreas como infraestrutura (sistemas de mobilidade, logística e redes de transportes), tecnologia (automação, comunicação e sistemas para RH) e serviços pela internet (plataformas de comércio eletrônico), me credencia para abordar o tema do Vale-Transporte em toda a sua complexidade, uma vez que ele se coloca como fator de intersecção entre questões governamentais e suas diversas políticas públicas nas operações de transportes urbanos, com o mercado empresarial, altamente competitivo, sempre em busca da produtividade e da melhor composição de seus colaboradores.

Tenho notado que, mesmo com o estabelecimento da lei que regulamentou o Vale-Transporte, bem como com a natural acomodação do mercado e de suas atividades operacionais, muitas dúvidas ainda persistem e vários procedimentos administrativos ainda são negligenciados e executados de maneira ineficaz; o resultado são maiores custos, tempos de processamento e riscos agregados, até mesmo, em muitos casos, contrariando a legislação vigente.

Diante desse cenário, decidi levantar algumas considerações a respeito dos processos atuais e das possibilidades de otimização, trazendo uma análise clara e isenta, com esclarecimentos adicionais voltados a empresários e a executivos de RH e de setores administrativos ligados diretamente aos processos de gestão da aquisição e da distribuição de Vale-Transporte. Por último, mas não menos importante, a minha intenção é também contribuir para o conhecimento dos colaboradores das organizações: usuários rotineiros deste importante vetor da economia.

Para que o percurso e, igualmente, as etapas da implantação desse benefício não fossem omitidos, fiz um breve passeio pela história da urbanização no Brasil, perpassando pela formação histórica da matriz dos transportes em São Paulo e pela história das instituições e empresas que estiveram desde o início ligadas à inovação, à gestão e à operação dos transportes no Brasil.

Nos últimos capítulos, até para o conhecimento de quem não é familiarizado com o tema do Vale-Transporte ou não o tem como rotina em seus processos administrativos, proponho uma abordagem mais generalista, indicando metodologias, bem como os *players* envolvidos, desde a emissão até a sua utilização nos meios de transporte público. Assim, ofereço um mapa completo e descritivo dos fluxos existentes nas operações.

É nesse campo de múltiplas possibilidades que a pesquisa, fruto de um intenso trabalho que agora vem à tona, busca sintetizar a narrativa desse processo histórico único que foi o da instituição do benefício do Vale-Transporte.

O presente estudo contou com a inestimável contribuição de pessoas e instituições que eu não poderia deixar de mencionar. Em primeiro lugar, agradeço à minha esposa Mércia Campello, minha profunda fonte de apoio e inspiração, e também aos meus filhos, que, compassivamente, sempre entenderam as ausências decorrentes da agenda intensa que exige o segmento em que decidi atuar. Sob o apoio da equipe da Benefício Certo, empresa líder na gestão e na distribuição de Vale-Transporte, da qual me orgulho em ser CEO, todo o trabalho de base foi possível. Agradeço ainda, de maneira especial, a todos os grandes amigos, empresários, estudiosos e especialistas da área dos transportes e executivos de RH. Gostaria de citar alguns nomes que contribuíram diretamente para a elaboração deste livro, concedendo densas entrevistas e calorosas conversas, com valiosas histórias e experiências advindas da operação do transporte público e da gestão de benefícios empresariais. São eles: Peter Alouche (Trilhos), Adauto Farias, José Aécio Souza e Afrânio Carinhanha (Ônibus). Em tecnologia: Mauro Freddo (Sistemas Intermunicipais), Leonardo Ceragioli e Carl Bequet (Bilhetagem – Prodata Mobility). Já representando o mundo corporativo, verdadeiros irmãos, como Maurício Ignácio (Grupo Bandeirantes de Comunicação), Alexandre Espinosa (Grupo Carrefour) e Carlos Cavalcante (Brasal). Em especial, gostaria de destacar o nome da querida amiga historiadora Paula Esposito Almeida, por todo o suporte bibliográfico e de conteúdo que me concedeu durante as pesquisas. Por fim, agradeço inestimavelmente às entidades Associação Nacional das Empresas de Transportes Urbanos (NTU) e Associação Nacional de Transportes Públicos (ANTP) pelo acervo e pelas publicações disponibilizados on-line.

Estima-se que hoje o Vale-Transporte movimente aproximadamente 14 bilhões de reais por ano, e, apesar de existir há pelo menos 35 anos, ele está em constante mutação por causa do mercado disruptivo e inovador destes novos tempos. Tratei, portanto, de pensar a transição do VT ao longo desses anos, desde a sua concepção em forma de papel até sua transição para as fichas, os cartões magnéticos e os cartões eletrônicos. Este livro desempenha, igualmente, a função de refletir sobre os novos rumos do transporte público no Brasil e sua política tarifária atual, em que nosso tão estimado Vale-Transporte se inclui, e a de estar atento às novas tecnologias divulgadas ao redor do mundo.

Finalmente, como também sou professor universitário e pesquisador do assunto há pelo menos vinte anos, gostaria de apresentar aos meus alunos e colegas da Fundação Armando Alvares Penteado (Faap), aos clientes da Benefício Certo, aos parceiros de mercado, aos gestores de empresas, aos usuários e a todos os estudiosos e entusiastas do VT uma história condensada e simplificada deste benefício, que adotou um sistema genuinamente brasileiro e que hoje temos o privilégio de desfrutar em todo o território nacional.

Celso Campello Neto

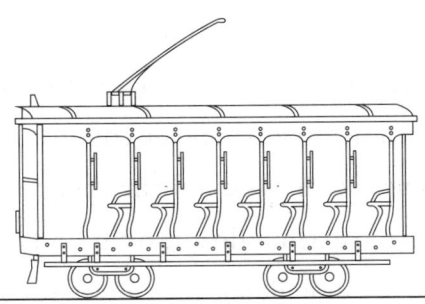

INTRODUÇÃO

"Quase não pensamos no presente; e, quando pensamos, é apenas para tomar-lhe a luz a fim de iluminar o futuro".[1]
Blaise Pascal

A história humana carrega em sua essência uma herança nômade. Um pouco antes dos primeiros assentamentos humanos, há 7 ou 8 milhões de anos, as condições do clima, da terra e da fauna faziam com que os homens precisassem constantemente se locomover de uma parte a outra. Nessas idas e vindas, das arenas frias às mais temperadas, o encontro com melhores solos, somado ao desenvolvimento de ferramentas de trabalho, caça e agricultura, criou melhores condições para o surgimento das primeiras comunidades nativas, autossuficientes e sedentárias, que desembocariam posteriormente nas primeiras cidades.

---

1. Blaise Pascal, *Pensamentos*. São Paulo: Martins Fontes, 2005, p. 84.

Embora desde então o homem tenha sido ocupante permanente de dado território e caminhante de distâncias mais curtas, ele jamais deixou de ver no deslocamento um meio de comunicação, sobrevivência, transporte de pessoas, animais ou informação, bem como uma forma de conhecer a si mesmo e o mundo que o circunda. Por essa face plural das possibilidades que a mobilidade traz, foram se construindo diversos sistemas de comunicação cada vez mais complexos – vias, transportes, fios, ondas eletromagnéticas – e abrangentes ao longo da história humana, que levaram ao processo de urbanização que conhecemos hoje.

Assim, desde o surgimento das primeiras cidades interligadas, inúmeros projetos foram viabilizados com o objetivo de melhorar a dinâmica dos percursos, tratando de questões como a segurança pública, a redução dos custos, os meios de transporte, a infraestrutura e os sistemas viários, de modo que o tempo do deslocamento pudesse ser otimizado, mas seus usuários tivessem, da mesma forma, segurança e conforto durante o percurso.[2]

Houve um tempo em que os meios de transporte e até mesmo a utilização de determinadas vias terrestres ou marítimas[3] eram regulamentados ou permitidos somente a um grupo seleto que tinha poder aquisitivo ou autorização de uma competência máxima para circular de um lugar a outro. A preocupação com a acessibilidade e a mobilidade de todas as pessoas por vias e por meio do transporte público é relativamente recente, pois demorou a se tornar uma política conjunta do Estado e das iniciativas privadas.

---

2. Paul Zumthor, *La medida del mundo*. Madrid: Cátedra, 1994, pp. 168-169 (Historia – Serie Menor).
3. Por exemplo, o Tratado de Tordesilhas, assinado entre os reinos de Portugal e de Castela em 1494, que oficializava a soberania de ambas as coroas sobre todos os mares e territórios do mundo "descoberto" e ainda por descobrir. Ver: Joaquim Veríssimo Serrão, *História de Portugal (1415-1495)*. Lisboa: Editorial Verbo, 1991.

Dois grandes eventos com desdobramentos mundiais marcaram o começo da mudança desse cenário. O primeiro deles foi a expansão marítima europeia para a Ásia, as Américas e a Oceania durante os séculos XV a XVIII, e, em seguida, as revoluções industriais em quase todo o mundo desencadeadas por países como Inglaterra, França, Japão e Estados Unidos. O alargamento do mundo conhecido e as invenções modernas encurtaram os caminhos para a comunicação e a informação, trazendo consequências positivas, mas também negativas. Nesse ínterim, foram desenvolvidos incontáveis protótipos de transportes, em que uns lograram mais sucesso que outros, como o navio a vapor, o trem, o ônibus, o carro e o avião. Como resultado, a partir do século XIX mais pessoas passaram a ter acesso aos serviços fundamentais à sustentação da vida humana, relacionados a saúde, trabalho, alimentação e lazer.

A invenção do transporte público não só facilitou a mobilidade urbana em termos gerais, como também permitiu pensar em outros aspectos igualmente importantes para o desenvolvimento econômico de uma sociedade, como a questão ambiental e a redução das desigualdades sociais. As revoluções populares e trabalhistas modernas vieram para completar o curso das transformações mundiais em prol da qualidade da vida humana. A mobilidade e o acesso ao transporte público conquistaram o estatuto de direito social fundamental; e cada vez mais tais aspectos têm sido alvos de ressignificação devido às transformações contemporâneas. Em sentido mais amplo, o direito à mobilidade entre fronteiras internacionais para além dos perímetros urbanos tem se tornado uma questão importante e bastante debatida hoje.

Desde o século XVII, o território mais tarde compreendido como Brasil acompanhou, às vezes de forma mais lenta, às vezes mais rápida, essas transformações mundiais. De forma mais acelerada no fim do período imperial e início do republicano, ainda no século XIX, empresários e entusiastas ligados ao poder público estabeleceram as primeiras infraestruturas de transporte público adotadas no Brasil, e em parte ainda mantidas nos dias atuais. Apesar de os trilhos terem sido os pioneiros, o sistema rodoviário acabou se tornando o favorito em todo o solo brasileiro. Mais tarde, a expansão dos monotrilhos e de outras interligações automotivas por céu, mar e terra vieram compor a dinâmica móbil de um território que, apesar de extraordinariamente extenso, se mantém conectado de norte a sul.

Desde que o desenvolvimento do transporte público permitiu pensar em outras questões para além do teor econômico, não só a evolução das modalidades foi importante para promover a maior circulação de pessoas em regiões cada vez mais amplas, mas também as agitações sociais que reclamaram o direito fundamental e universal da mobilidade humana.

Sonhado, organizado e escrito durante os anos de trabalho na área de RH e de gestão do Vale-Transporte, o presente livro busca contribuir para uma história da evolução do serviço de transportes no Brasil e também no mundo, colocando em relevo as minudências históricas e estruturais que levaram nosso país a ser pioneiro na criação de um benefício que implicou a melhoria da mobilidade urbana. Pois, especialmente no nosso caso, as questões socioeconômica e estrutural da matriz dos transportes são aspectos incontornáveis quando discutimos sobre a mobilidade urbana.

Os capítulos a seguir tratam, portanto, do percurso histórico que deu origem ao Vale-Transporte como alternativa às dificuldades impostas pelo nosso processo de urbanização – formação predominantemente horizontal dos bairros e das cidades brasileiras – e de infraestrutura viária – adoção do modelo norte-americano de expansão rodoviária por meio de vias arteriais. O benefício criado em 1985 incidiu diretamente sobre os impasses relacionados à mobilidade social, principalmente em favor daqueles mais pobres e habitantes de periferias ou municípios menores. Não obstante, o surgimento do Vale-Transporte, pensado primeiramente como benefício social, acabou contribuindo também para o crescimento econômico do país em linhas gerais.

Entre contingências históricas e decisões tomadas por diferentes gestores e entusiastas do transporte coletivo, o processo brasileiro que levou à formação da malha urbana atual foi o mesmo que criou as condições para que o Vale-Transporte surgisse e pudesse ser pensado como alternativa às inocuidades públicas. O VT nasce, então, como benefício social, mas também como alternativa à ineficiência do Estado na oferta de transportes. Sob três pilares fundamentais (valorização do trabalho humano, livre iniciativa e garantia de uma existência digna a todas as pessoas), o benefício se tornou enfim uma conquista de todos os brasileiros.

Neste livro, convido-os a uma leitura que perpassa pela história da urbanização e dos modos de transporte público no Brasil e que busca, outrossim, a articulação de conceitos históricos e fatos técnicos para narrar a emblemática instituição do Vale-Transporte no Brasil.

PRIMEIRA PARTE

O COMPLEXO SISTEMA DE MOBILIDADE URBANA, A POPULAÇÃO E O SURGIMENTO DO VALE-TRANSPORTE

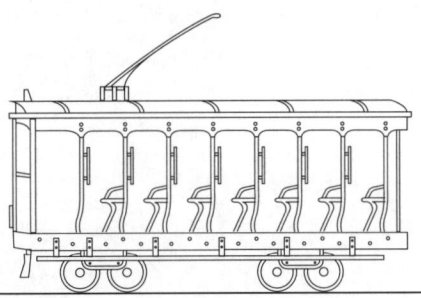

I. CAMINHOS PARA O BRASIL MODERNO

Esse simbolismo servirá, quando muito, para não deixar morrer uma ideia – até o dia em que nos convencermos que o nacionalismo teórico não é suficiente e nos dispusermos, uma vez por todas, a aliar a teoria à ação, não esquecendo que o progresso exige conclusões breves, velocidade, continuidade, principalmente.
A. Monteiro de Barros, em O Agrário, jan. 1939

Quando, em meio às contradições, nos fizemos modernos

Por todo o século XVIII, o mundo assistiu e sentiu as transformações sociais, culturais e econômicas decorrentes das revoluções industriais dadas a cabo em grande parte pelo Ocidente europeu (isto é, o espaço franco-britânico) e por uma pequena parcela da Ásia (Japão) e da América do Norte (Estados Unidos). As agitações religiosas dos séculos XVI e XVII, o advento da ciência moderna e o neocolonialismo na África e em partes da Ásia nos séculos precedentes criaram as condições para que o industrialismo se desenvolvesse em outras partes e a produção material chegasse a patamares nunca antes alcançados. O século XIX que chegava, no mundo ocidental, não se parecia em quase nada com o século que havia ficado para trás.[4]

No Brasil, a escalada que mudou a estrutura de regime de governo, o modo de produção e o ciclo econômico começou um pouco mais tardiamente. Foi um processo lento e gradativo iniciado timidamente no final do século XIX pelo ainda imperador do Brasil, D. Pedro II. O príncipe bragantino foi um dos primeiros grandes entusiastas dos ideais de civilização e modernização no Brasil, os quais, à época em que assumiu, estavam em vias de degeneração. No período de sua regência (1831-1889), ele unificou a nação, promoveu e incentivou a ciência e as artes e firmou a posição política do Brasil diante dos seus vizinhos.[5]

D. Pedro II foi um monarca itinerante e, em suas viagens, conheceu pessoalmente grandes nomes da época, como Thomas Edison e Graham Bell, respectivamente os inventores da energia elétrica e do telefone. Em uma de suas viagens de lazer pela Europa, foi um dos patronos da casa de ópera Bayreuth Festspielhaus, na Alemanha, sonho antigo de

---

4. Eric J. Hobsbawm, *A era das revoluções: 1789-1848*. São Paulo: Paz & Terra, 2012.
5. Refiro-me à Guerra do Paraguai (1864-1870). Hoje, revista pelos historiadores contemporâneos, essa guerra é considerada uma grande tragédia, mas à época serviu como meio de afirmação militar do Império do Brasil perante os seus vizinhos latinos. Para maiores detalhes, ver: León Pomer, *A Guerra do Paraguai: a grande tragédia rioplatense*. São Paulo: Global, 1980; Júlio José Chiavenatto, *Genocídio americano: a Guerra do Paraguai*. São Paulo: Brasiliense, 1983; Dionísio Cerqueira, *Reminiscência da campanha do Paraguai (1865-1870)*. Rio de Janeiro: Forense Universitária, 1982.

um grande músico e compositor que pessoalmente admirava: Richard Wagner (1813-1883). Além disso, foi durante a sua regência que adquirimos valiosos patrimônios histórico-nacionais que existem ainda hoje ou que serviram de inspiração aos vindouros, como o Instituto Histórico e Geográfico, o Instituto Pasteur e a Imperial Academia de Música e Ópera Nacional. Pela primeira vez, o Brasil ligava seu território nacional e conectava-se com o mundo por meio de linhas férreas, telegráficas, marítimas e, avidamente, também pelas artes.[6] O imperador, enternecido, manifestou em cartas e diários no final de seu reinado sua imensa satisfação em tornar o Brasil moderno e conhecido.

No âmbito dessas transformações internas, os ingleses paulatinamente reestabeleciam os laços diplomáticos com o Brasil após uma breve interrupção – com direito a ataques marítimos e represálias mútuos – gerada pelo desentendimento sobre a questão da escravidão.[7] A pressão britânica internacional contra o tráfico de escravos no Atlântico e nos portos brasileiros desde o início do século XIX, ao mesmo tempo que intentava consolidar a sua hegemonia nos mares, forçava alguns acordos diplomáticos internacionais. A partir de 1860, foram assinados diversos acordos entre Brasil e Grã-Bretanha pelo fim absoluto do regime escravocrata.[8] Como resultado da insistente presença britânica desde pelo menos a abertura dos portos brasileiros em 1808,[9] os ingleses passaram a ter bastante influência econômica nas

---

6. Lilia Moritz Schwarcz, *As barbas do imperador: D. Pedro II, um monarca nos trópicos*. São Paulo: Companhia das Letras, 1998.
7. Petrônio Domingues, "A nova abolição". In: Flávio dos Santos Gomes; Petrônio Domingues, *Políticas da raça: experiências e legados da abolição e da pós-emancipação no Brasil*. São Paulo: Selo Negro, 2014.
8. Como as distintas Lei Aberdeen e o movimento civil *British and Foreign Anti-Slavery Society*.
9. Evento no qual a família real portuguesa mudou todo o séquito e a estrutura da corte de Portugal para o Brasil após as invasões napoleônicas deflagradas na Europa

terras de cá. Eles aumentaram suas exportações com destino ao Brasil e investiram pesadamente na construção de ferrovias.

A importação de mercadorias inglesas era feita em maior quantidade em comparação ao que se exportava de produtos brasileiros. Essa manobra inglesa, que visava sobretudo ao domínio do mercado mundial, acabou dando autonomia econômica ao Brasil, que pôde então elevar o seu estatuto de colônia para reino. Dava graça ver as mulheres brasileiras em cidades que marcavam altas temperaturas no verão, como Belém, São Luís e Fortaleza, vestindo espalhafatosos saiões e corpetes justos, tal qual as inglesas na Europa.[10] Foi nesse período que a indústria têxtil ganhou fôlego, e também outros setores industriais (como os de ferro, aço e carvão), mas principalmente o setor de transporte. Em 1850, foi inaugurada uma linha regular de navios a vapor que fazia o percurso Liverpool-Rio de Janeiro, levando mercadorias e passageiros.[11]

Os ingleses eram também grandes entusiastas das ferrovias. Pouco tempo depois da invenção do engenheiro Richard Trevithick no País de Gales, em 1804, as ferrovias já cruzavam as cidades inglesas, e algum tempo passaria até que elas chegassem ao Brasil. No dia 30 de abril de 1854, foi inaugurada no Rio de Janeiro a primeira ferrovia. Em Mauá, a locomotiva *Baronesa*, que tinha modestos catorze quilômetros de extensão, fazia o trajeto Baía de Guanabara-Petrópolis. Assim, a ferrovia Barão de Mauá foi o primeiro transporte a ter integração intermodal, uma vez que fazia a ligação entre o transporte hidroviário e o ferroviá-

---

desde 1805. Para mais detalhes, consultar: Kenneth Light, *A viagem marítima da família real: a transferência da corte portuguesa para o Brasil*. Rio de Janeiro: Jorge Zahar, 2008.
10. Gilberto Freyre, *Ingleses no Brasil: aspectos da influência britânica sobre a vida, a paisagem e a cultura do Brasil*, 3.ed. Rio de Janeiro: UniverCidade Editora, 2000.
11. Richard Graham, *Grã-Bretanha e o início da modernização no Brasil, 1850-1914*. São Paulo: Brasiliense, 1973, pp. 17-21.

rio. Instalada pelos ingleses, foi seguida rapidamente pela construção de outras ferrovias, como a Estrada de Ferro Santos-Jundiaí, chamada de "A Inglesa", a Recife-São Francisco (1858), em Pernambuco, a Bahia-São Francisco (1860), na Bahia, a Companhia Paulista (1872), a Companhia Mogiana (1875), a Companhia Sorocabana (1875) e a ferrovia Santo Amaro (1880), em São Paulo, e a Paranaguá-Curitiba (1883), no Paraná, entre outras.

Mas o progresso que almejou o imperador do Brasil contrastava com as heranças do passado colonial, vistas como o motivo do atraso da nação. Pelas medidas políticas e econômicas adotadas durante o Segundo Império (abolição do regime escravista, abertura ao mercado internacional, ajuda externa durante a Guerra do Paraguai), o capitalismo brasileiro despontou de forma isolada no oeste do estado de São Paulo com a introdução da mão de obra assalariada nas fazendas cafeeiras no lugar da mão de obra escrava.[12] Por outro lado, a decisão do imperador de derrubar uma das mais antigas instituições do Brasil – o regime escravista – seria também o motivo de sua deposição e do regime que representava (a monarquia),[13] além de reconfigurar toda a dinâmica urbano-rural do território nacional.

O fim da escravidão suscitou agitações sociais e políticas em todo o país por quase todo o século seguinte. O Brasil estava dividido entre os que não queriam perder os seus privilégios acumulados durante o regime escravocrata e os que queriam uma nova imagem para a nação. O republicanismo venceu o impasse, mas a instabilidade vivida durante os primeiros anos do século XX deixou marcas indeléveis na

---

12. Hermógenes Saviani Filho, "A Era Vargas: desenvolvimentismo, economia e sociedade". *Revista Economia e Sociedade*, Campinas, vol. 22, n. 3, pp. 855-860, 2013.
13. Emília Viotti da Costa, *A abolição*. São Paulo: Editora Unesp, 2012.

formação do Estado brasileiro. Logo no terceiro decênio daquele século, eclodiram diversas revoluções sociais movidas por ideais progressistas, nacionalistas, intervencionistas e/ou positivistas importados da Europa e dos Estados Unidos. Uma vez importadas, tais ideias acabaram necessariamente sendo remodeladas de acordo com as particularidades e a realidade do nosso país, e, ao contrário da forma como foram vividas na França, Inglaterra e Estados Unidos,[14] as ideias defendidas em solo brasileiro apontaram caminhos distintos.

As agitações sociais de sul a norte do país eclodiram entre as décadas de 1920 e 1930, e, apesar das diferentes motivações, todas elas tinham alguma ideia de "nação" ideal e, de certa forma, queriam o fim da República Velha. É importante ressaltar que, pela primeira vez, em terras brasileiras se falava em unidade nacional a partir das concepções modernas de nação, identidade e "ser brasileiro". Os movimentos sociais mais proeminentes à época foram a manifestação político-militar da Coluna Prestes e, pouco depois, a revolução liderada pelo advogado gaúcho Getúlio Vargas em 1930, que colocou fim à República Velha e trouxe um forte argumento nacionalista. O estadismo de Getúlio Vargas deu início a uma nova era na história do Brasil e do povo brasileiro. Foi a partir de então que se construíram as bases do moderno Estado brasileiro tal qual concebemos hoje. Entre os anos 1930 e 1970, o país finalmente viveu o seu longo momento de revolução capitalista, que nunca mais viria a se separar da concepção nacionalista e desen-

---

14. Assim como sucedeu na França, nos Estados Unidos e na Inglaterra, em que as suas revoluções tomaram aspectos e rumos distintos a despeito da proximidade temporal dos eventos. Ver: Gertrude Himmelfarb, *Os caminhos para a modernidade: os iluminismos britânico, francês e americano*. São Paulo: É Realizações, 2011, pp. 20-23.

volvimentista: argumentos capazes de manter a unidade nacional e o equilíbrio das forças sociais e políticas.[15]

Sulista, Vargas se fixou no Sudeste. Com São Paulo à frente, a mentalidade coletiva voltada ao urbano, ao cosmopolita e à metrópole começava a se formar.[16] Apesar de ter sido criado nos pampas gaúchos, região em que a economia era majoritariamente pecuária e agroexportadora – como no resto do país –, o ex-presidente optou pela modernização e pela nacionalização da economia, estimulando a industrialização. Durante o seu governo, as cidades cresceram exponencialmente, e com elas as comunicações se intensificaram – pelos fios, pelas ondas e pelos trilhos –, pois se faziam emergentes. Era um Brasil "arcaico" e "atrasado" que se queria deixar para trás: aquele do "triste trópico"[17] e da República Velha[18] carregado, de um lado, dos vícios do coronelismo, do clientelismo, do regionalismo e das oligarquias e, do outro, do estigma social da pobreza e dos atrasos provocados pelo analfabetismo.

O Brasil, que até então era quase inteiramente dependente do comércio externo com países imperialistas industriais, como Inglaterra, França, Holanda e, mais tarde, Estados Unidos, se viu obrigado a emancipar-se após a crise econômica de 1929. Com o país pressionado

---

15. Luiz Carlos Bresser-Pereira, *A construção política do Brasil: sociedade, economia e Estado desde a Independência*. São Paulo: Editora 34, 2016.
16. Adriana Lopez; Carlos Guilherme Mota, *História do Brasil: uma interpretação*. São Paulo: Editora Senac, 2012.
17. O antropólogo francês Lévi-Strauss esteve no Brasil durante a missão francesa na Universidade de São Paulo, entre os anos de 1936 e 1938. Na ocasião, escreveu uma narrativa de viagem contendo as suas impressões sobre a cidade de São Paulo, mas sua obra pode ser considerada, na mesma medida, um ensaio científico sobre o processo civilizatório da modernidade. O título que deu ao livro é autoexplicativo no que diz respeito às intenções europeias no processo civilizatório no país dos trópicos. Ver: Claude Lévi-Strauss, *Tristes trópicos*. Tradução de Rosa Freire d'Aguiar. São Paulo: Companhia das Letras, 1996.
18. Raymundo Faoro, "República Velha: os fundamentos políticos". In: *Os donos do poder: formação do patronato político brasileiro*. São Paulo: Globo, pp. 651-697, 2012.

a se industrializar graças, sobretudo, à impossibilidade de importar, a falta de infraestrutura portuária, ferroviária, rodoviária e aeroviária se tornou uma questão urgente. Com esse cenário à vista, o autoproclamado então presidente Getúlio Vargas tomou a decisão de romper com as oligarquias interessadas nas terras, no café, no comércio externo e na agroexportação em geral, passando a se aliar a setores sociais emergentes, entusiastas da industrialização, como a burguesia e os tecnoburocratas.

Em São Paulo, região na qual uma burguesia industrial se formava e se desenvolvia a partir do café e do comércio desenvolvido pelos imigrantes e seus descendentes, Vargas liderou a Revolução de 1930. A grande sacada do revolucionário gaúcho foi organizar politicamente os interesses de ambas as burguesias para contornar a onda de consequências do colapso econômico central de 1929. O colapso econômico norte-americano elevou os custos das importações e causou uma grave crise cambial ao redor do mundo. Como metaforizou Edward Lorenz, o bater das asas de uma borboleta[19] nos Estados Unidos trouxe enormes consequências para o lado de cá. Mas aquilo que foi "um divisor de águas no Atlântico" mudou decisivamente o rumo econômico e político do país em direção a sua autossuficiência.

Para contornar o furacão,[20] ou melhor, o "tsunami que chegava no litoral brasileiro", Getúlio Vargas incentivou a produção industrial em São Paulo em detrimento da produção agrícola em todos os outros estados brasileiros, visando a autossuficiência nacional. Durante o seu

---

19. Essa afirmação faz referência à teoria desenvolvida pelo meteorologista americano Edward Lorenz na década de 1960, denominada *Teoria do Caos*, que remete à cadeia extraordinária de fenômenos que podem acontecer a partir de um acontecimento aparentemente simples de caráter local. Ver: Edward N. Lorenz, *The Essence of Chaos*. Seattle: University of Washington Press, 1995.
20. Idem.

governo, a produção aumentou em incríveis 13% ao ano. Com isso, o mercado consumidor interno cresceu e, finalmente, a produção nacional passou a conseguir suprir em grande parte as suas demandas sem depender totalmente do mercado externo. Como consequência, tais mudanças intensificaram a urbanização, expandiram a classe operária, o setor industrial e a participação do Estado, criando as condições para a instituição dos primeiros direitos trabalhistas.

A construção de uma siderúrgica em Volta Redonda, a Companhia Siderúrgica Nacional (CSN), pelo governo varguista em 1940 elevou pela primeira vez o Estado ao patamar de investidor e empresário, em lugar de mero fornecedor de crédito aos industriais. A CSN, formalizada em 1941, atuava agora lado a lado com outras grandes companhias e indústrias de diferentes setores fornecedoras de matéria-prima e serviços básicos em São Paulo, como a Light, em funcionamento desde 1899.[21] Tal empreendimento conferiu ao Estado uma dupla posição no mercado: a de cooperador e a de interventor e mediador da economia dali em diante. Na mesma época (1942), foi criada a Comissão de Planejamento Econômico, visando ao desenvolvimento nacional, primeiro esqueleto de um projeto que seria aperfeiçoado e aplicado quando do Plano de Metas de 1956.[22] Na sequência, a criação da Superintendência da Moeda e do Crédito (Sumoc) em 1945, do Banco Nacional de Desenvolvimento Econômico (BNDE) em 1952, e, no ano seguinte, da Carteira de Comércio Exterior do Banco do Brasil (Cacex) formalizou as articulações entre o Estado, o capital privado e o capital estrangeiro. Assim, o governo participava nos investimentos,

---

21. Ayrton Camargo e Silva, *Tudo é passageiro: expansão urbana, transporte público e o extermínio dos bondes em São Paulo*. São Paulo: Annablume, 2015, pp. 40-41.
22. Anita Kon, "Quatro décadas de planejamento econômico no Brasil". *Revista de Administração de Empresas*, São Paulo, v. 4, n. 3, pp. 49-61, maio-jun. 1994.

mas também dava possibilidades à entrada de capitais para o desenvolvimento de setores selecionados.

O bater das asas das borboletas dos dois lados do Atlântico a partir da década de 1930 – o estopim para o despertar brasileiro à sua própria revolução industrial – afetou, igualmente, as outras esferas da vida brasileira. Embora tardio, o sentimento de modernidade era evidente, desde os costumes mais simples da população urbana às práticas mais complexas das instituições que surgiam. A burocracia pública se consolidou e teve um papel fundamental na formulação da estratégia nacional desenvolvimentista, influenciando a mudança da Constituição nacional em 1937. Além disso, a crescente sindicalização a partir da década de 1930 fez emergir outras classes sociais e políticas que futuramente teriam papel decisivo na Constituição nacional brasileira.

Por meio da fluidez social, a política começou a ser questionada. A informação chegava mais rápido, os grupos sociais estavam mais organizados e a concepção geral sobre a democracia estava bem definida. O suicídio de Getúlio Vargas no ano de 1954 deixou para trás uma estrutura política patrimonial e mercantil já ultrapassada, pois o Brasil de 1950 não era o mesmo de 1930. O capitalismo brasileiro precisava viver a sua última revolução como sociedade capitalista industrial completa, com crescente técnica, profissionalização e progresso econômico. Com Vargas, a nação alcançara coesão política, autonomia e identidade, mas a revolução capitalista precisava ser completada.[23] Vargas, no entanto, havia deixado um importante legado. Incentivador ativo e constante da indústria nacional, ele criara no final da década de 1920 e início da de 1930 o Ministério do Trabalho, Indústria e Comércio, e decretara

---

23. Luiz Carlos Bresser-Pereira, op. cit., p. 161.

leis trabalhistas (aposentadoria, fixação de horários de trabalho, estabilidade, férias remuneradas, assistência médica).[24]

O governo ditatorial varguista conquistou uma forte oposição partidária na União Democrática Nacional (UDN), mas também fez emergir novos partidos e coligações que buscavam responder às rápidas mudanças do período, como o Partido Socialista Brasileiro (PSB). O cenário nacional mudava não somente devido às transformações políticas e sociais internas, mas porque, à altura do suicídio de Getúlio Vargas e do consequente fim da ditadura varguista, o mundo ocidental estava dividido entre duas grandes potências mundiais: Estados Unidos e União das Repúblicas Socialistas Soviéticas (URSS), na chamada Guerra Fria. Havia um esforço internacional para influenciar direta ou indiretamente a trajetória política e econômica dos países adjacentes às potências americana e soviética.[25] Certamente, grupos e partidos interessados foram influenciados por essas relações exteriores, inflamando, desse modo, antigas dissidências internas e causando uma grande confusão política que só seria resolvida dez anos mais tarde.[26]

O desenvolvimentismo dos anos 1950

Pouco antes da posse em 31 de janeiro de 1956, o recém-eleito presidente Juscelino Kubitschek anunciou o seu plano governamental sintetizado em um plano de metas que visava a "cinquenta anos de

---

24. Adriana Lopez; Carlos Guilherme Mota, op. cit., pp. 723-725.
25. Odd Arne Westad, *The global Cold War: Third World interventions and the making of our times*. Cambridge: Cambridge University Press, 2007.
26. Luiz Carlos Bresser-Pereira destaca dois grupos opostos que ganharam protagonismo na época: a esquerda e as Forças Armadas. Ver: Luiz Carlos Bresser-Pereira, *A construção política do Brasil: sociedade, economia e Estado desde a Independência*. São Paulo: Editora 34, 2016.

progresso em cinco anos de realizações". Com 31 objetivos diversos para a economia, o foco do ex-governador de Minas Gerais era, no entanto, o binômio energia e transportes. O investimento no setor de transportes, tônica que aqui nos interessa, foi repartido entre as categorias ferroviária, aeroviária e de navegação fluvial. Entretanto, a opção pela geração de energia proveniente do petróleo em detrimento da energia elétrica, nuclear ou do carvão, bem como o incentivo às indústrias automobilísticas, foi o que causou o êxito e a hegemonia do transporte rodoviário em todo o país. Assim, o governo breve e progressista de Juscelino consolidaria a estrutura de transporte rodoviário do país, bem como a indústria de base e o setor de energia, reafirmando, dessa forma, a independência industrial que o Brasil havia alcançado.

Com JK, o Brasil retomou o seu ritmo desenvolvimentista, mas, desta vez, com a maior participação do Estado na economia e em investimento social, em um grande planejamento coordenado.[27] O amplo projeto nacional-desenvolvimentista do presidente levou, de fato, a sociedade brasileira a uma nova fase de intensa industrialização e urbanização. No entanto, as rápidas transformações expuseram antigas fissuras que estavam abertas desde a formação do Estado brasileiro,[28] aquelas de desigualdade social, fome, pobreza, concentração de renda, desemprego, inflação e endividamento externo. Para o governo de JK, que se incumbiu da transformação e modernização do país

---

27. É importante destacar o papel desempenhado pelo economista Celso Furtado durante os anos do Governo Juscelino Kubitscheck (sobretudo nos órgãos da GTDN e SUDENE), em que as suas ideias acerca dos investimentos estatais em larga escala e o papel direcionador do Estado na economia encontraram terreno fértil. Ver: Joseph L. Love, *A construção do Terceiro Mundo: teorias do subdesenvolvimento na Romênia e no Brasil*. Rio de Janeiro: Paz e Terra, 1998.
28. Celso Furtado, *Formação econômica do Brasil*. São Paulo: Companhia das Letras, 2007.

dos trópicos, tais questões se tornaram politicamente urgentes, sem necessariamente terem sido atendidas e superadas.[29]

Juscelino Kubitschek terminou o seu mandato em 1960, deixando como legado o país modernizado e a autoestima da nação elevada. O seu governo aumentou a mobilidade do cidadão brasileiro, pois incentivou a construção de estradas e o crescimento da indústria automobilística. Coincidentemente e para coroar tais conquistas, o Brasil havia conquistado pela primeira vez o campeonato mundial de futebol, sediado na Suécia. Por esses eventos marcantes, aqueles anos ficaram marcados como os *anos dourados*.

Mais tarde, sob outra perspectiva política e econômica, os críticos de JK consideraram o seu governo um desastre econômico, devido às altas taxas inflacionárias deixadas para os anos posteriores.[30] Concomitantemente, outra crise econômica decorrente da superprodução do café eclodiu na década de 1950 e, por fim, agricultores e fazendeiros saíram de cena para dar lugar ao desenvolvimento dos setores industriais e de serviços. Lideranças liberais e burguesas emergiram e, com isso, novos rumos políticos foram definidos para o Brasil nas décadas seguintes.

A capital do Brasil foi então transferida para Brasília, cidade projetada pelos arquitetos Lúcio Costa e Oscar Niemeyer, e se tornou o símbolo de um tempo que se queria projetar como moderno. Quando visitou o Distrito Federal, em 1961, o cosmonauta soviético Yuri Gagarin chegou a dizer que teve a sensação de estar "desembarcando num planeta diferente, não na Terra".[31]

---

29. Adriana Lopez; Carlos Guilherme Mota, op. cit., pp. 702-703.
30. Daniel Aarão Reis (Coord.); Lilia Moritz Schwarcz (Dir.), *Modernização, ditadura e democracia (1964-2010)*. Rio de Janeiro: Objetiva, 2014, v. 5.
31. Cláudia Gutemberg et al., *Brasília em 300 questões*. São Paulo: Dédalo, 2002, p. 87.

Contraditoriamente, no que diz respeito à economia, o entusiasmo das décadas de 1950 e 1960 arrefecia lentamente, dando lugar a uma recessão marcada por forte elevação inflacionária, queda na taxa de crescimento e dificuldade do Estado para cumprir com as folhas de pagamento.[32] Para solucionar o impasse, dois planos econômicos foram traçados em um intervalo de dois anos, já que oriundos de distintos projetos de governo. O Plano Trienal de 1962 do governo de João Goulart visava à estabilização da economia a partir de uma estratégia gradualista para o controle do déficit público, uma vez que o país batia a marca de 70% de taxa de inflação. Essa manobra intentava, entretanto, não negligenciar a perspectiva desenvolvimentista, e com esse fim Jango mirou nos investimentos externos. O Plano Trienal não durou seis meses. João Goulart, que havia assumido o governo abdicado por Jânio Quadros, foi deposto por um golpe civil-militar no ano de 1964, deixando como legado os problemas dos governos anteriores, um crescimento econômico de 0,6% e inflação superior a 80%, em uma combinação explosiva de irresponsabilidade fiscal, descontrole da emissão de papel-moeda, expansão de crédito e fragilidade política.[33]

O Plano de Ação Econômica do Governo (PAEG), formulado por Roberto Campos, então ministro do Planejamento do governo militar do presidente Humberto Castello Branco (1964-1967), obteve resultados bem melhores em relação ao Plano Trienal, ainda que não diferisse muito deste último. O PAEG conseguiu recuperar o crescimento

---

32. Eduardo F. Bastian, "O PAEG e o plano trienal: uma análise comparativa de suas políticas de estabilização de curto prazo". *Revista Estudos Econômicos*, São Paulo, v. 43, n. 1, pp. 139-166, jan./mar. 2013.
33. Carlos Eduardo Sarmento, "O plano trienal e a política econômica no presidencialismo". CPDOC, FGV. Disponível em: https://cpdoc.fgv.br/producao/dossies/Jango/artigos/NaPresidenciaRepublica/O_plano_trienal_e_a_politica_economica. Acesso em: 14 ago. 2019.

econômico (em 4,2% ao ano) e deixou a inflação em uma média de 45,5% nos primeiros anos e de 25% em 1967.[34]

Apesar de uma leve melhora na economia em decorrência do PAEG, a crise econômica permaneceu. O regime militar buscou contorná-la lançando um novo plano de ação econômica, formulado pelo economista Antônio Delfim Netto. O apogeu econômico do regime se deu então entre os anos de 1967 e 1973, já no governo de Emílio Garrastazu Médici, com o Plano Estratégico de Desenvolvimento (PED). Nesse período, o governo mirou os altos investimentos em infraestrutura, incentivando um ciclo econômico expansivo, e foi adotada uma retórica política que falava em *milagre econômico brasileiro*.[35]

O PED sintetizava os desejos de um plano nacional muito mais grandioso para o Brasil do que manifestado nos anteriores, e para isso pensou-se no caráter "multissetorial" da economia (importação, exportação, agrária, industrial, infraestrutura), e não somente em um único fator dinâmico, como estava sendo o da industrialização até então. E, mesmo em relação à indústria, o PED pensou em diversificar as fontes de sua expansão, substituindo importações, expandindo o mercado interno e promovendo exportações.[36] Além disso, o PED sintetizava outro lado do regime não tão expresso publicamente: a reflexão doutrinária sobre o real sentido da Revolução de 1964. À altura de 1968-1970, começou-se a atrelar o sentido da Revolução a uma

---

34. Eduardo F. Bastian, op. cit.
35. José Pedro Macarini, "Um aspecto da política econômica do 'milagre brasileiro': a política de mercado de capitais e a bolha especulativa 1969-1971". *Revista Estudos Econômicos*, São Paulo, v. 38, n. 1, jan./mar. 2008. Disponível em: http://www.scielo.br/scielo.php?script=sci_arttext&pid=S0101-41612008000100007. Acesso em: 29 fev. 2020.
36. José Pedro Macarini, "A política econômica do governo Médici: 1970-1973". *Revista Nova Economia*, Belo Horizonte, v. 15, n. 3, pp. 53-92, 2005.

"vocação" e "destino" comuns, os quais só seriam viáveis a partir de "grandes reformas e transformações sociais".[37] As respectivas reformas levariam então ao pleno desenvolvimento da nação e àquele destino que se acreditava estar atrelado a ela, o de uma grande potência.

As manchetes da época nos fazem lembrar dos anos de ouro de JK, e remetem, igualmente, ao *Destino Manifesto* propagandeado pelos Estados Unidos a partir do século XVIII. Aqui, os slogans assumidos ("Brasil, ame-o ou deixe-o"; "Pra frente, Brasil") tinham um forte sentido patriótico. Foram anos de progresso contínuo, de abertura, de boas relações externas, de celebração patriótica e até mesmo da conquista de mais um troféu futebolístico. O discurso de progresso e nação dava, no entanto, a falsa sensação de harmonia coletiva e até mesmo de pleno desenvolvimento e crescimento. Em alguns lugares do país, as mudanças foram muito mais lentas. Em outros, repletos de contradições e tensões, via-se uma espécie de bomba-relógio que Daniel Aarão Reis chamou de "utopia do impasse".[38] A fenda de desigualdade social se alargava no país, e a privação de liberdade de expressão por um tempo chegou a ser publicamente naturalizada. Falava-se, de um lado, em *anos de ouro* e, do outro, *em anos de chumbo*.[39]

Uma oposição democrática expressiva começou a se organizar já em 1968. A insatisfação popular figurava em vários e distintos setores da sociedade, entre políticos do período democrático anterior e da era varguista, entre intelectuais, profissionais liberais e lideranças religiosas e, ainda, entre as forças que haviam apoiado o golpe, agora insatisfei-

---

37. José Pedro Macarini, op. cit.
38. Daniel Aarão Reis, "Entre ditadura e democracia: da modernização conservadora ao reformismo moderado, 1960-2019". In: Daniel Aarão Reis (Coord.); Lilia Moritz Schwarcz (Dir.), op. cit.
39. Ibidem.

tas. No entanto, ao contrário do que muito se supôs, o período militar que o país viveu entre 1964 e 1985 não foi um *continuum* no sentido das ideias políticas e econômicas entre a elite intelectual e a atuante politicamente durante o período de vigência do regime. O PAEG do governo Castello Branco tomou muitas ideias emprestadas do próprio Plano Trienal – traçado pelo economista brasileiro Celso Furtado –, proveniente do governo democrático deposto. A ruptura só viria alguns anos mais tarde, com o PED.

O atraso no desenvolvimento do país devido à pobreza e à desigualdade social eram, entretanto, o grande entrave do projeto grandioso que se acreditava ter sido destinado ao Brasil. Até mesmo em tempos sombrios se falou em reforma agrária, no enfrentamento das oligarquias e na varredura do passado arcaico como condições indispensáveis e caminhos possíveis para alavancar a nação. Alguns marcantes acontecimentos dos anos de 1969 e 1970 ilustram bem essas propostas que estavam em voga: a eleição de Emílio Garrastazu Médici, apoiado pelo nacionalista Albuquerque Lima, a criação do projeto Brasil Grande Potência, que tinha a intenção de, até o ano 2000, elevar o país a esse patamar, bem como o reconhecimento dos planos econômicos mencionados.

O período do regime militar ficou marcado também pela estratégia econômica voltada à agroexportação em detrimento de outras diretrizes, apesar das intenções manifestas. Isso, todavia, não significou um retrocesso econômico aos tempos pré-industriais, uma vez que expandir a agroexportação era uma forma de criar condições melhores para a expansão industrial em larga escala. Já no final do regime, durante a transição democrática "lenta, segura e gradual" do governo de Ernesto Geisel, eleito ao final do mandato de Médici, optou-se pela retomada do clássico projeto desenvolvimentista e industrializante dos tempos do Estado Novo. No II Plano Nacional de Desenvolvimento (II PND), o milagre econômico por meio da indústria voltou a ser uma bandeira política.

Os caminhos pensados para o Brasil pela elite econômica e intelectual nos primeiros oitenta anos do século XX[40] demonstram a escolha de um projeto de país específico, o da modernização (custe o que custar), e explicam, da mesma forma, a formação da sociedade brasileira hoje. Em primeiro lugar, o padrão escolhido foi sempre aquele baseado na industrialização dos países ocidentais considerados de primeiro mundo e que, durante o período da Guerra Fria, foi alinhado às políticas dos Estados Unidos da América. Embora tenha havido diferenças expressivas entre os governos brasileiros do século XX, os objetivos comuns da maioria caracterizaram-se, de um lado, pela expansão da indústria nacional e, do outro, pela maior integração na economia global.

O crescimento das cidades brasileiras

Desde que temos notícia dos primeiros assentamentos urbanos, há pelo menos 4 mil anos, as cidades têm apresentado diversos desafios aos governos e organizações humanas ao redor do mundo, pois elas não são somente o resultado da ação do homem social, mas são

---

40. Merece destaque o fato de que, durante o Império, precisamente no ano de 1831, foi fundada a Sociedade Auxiliadora da Indústria Nacional, que visava por meio da iniciativa privada fomentar a indústria nacional. A sociedade contou com o apoio do governo imperial e surgiu em um contexto de intensa promoção da cultura escrita e da fundação de bibliotecas públicas e universidades. Ver: Milena Pereira da Silva, "O despertar de um espírito associativo". In: *A crítica que fez história: as associações literárias no Oitocentos*. São Paulo: Editora Unesp, 2014, pp. 21-65.

também o resultado da ação do tempo e das intempéries do solo e do clima. Ao longo da história, as cidades antigas foram muitas vezes castigadas por pestes, grandes ciclos de fome, tempestades, incêndios, terremotos etc., tendo sido as populações obrigadas a desenvolver sistemas de saneamento, escoamento de água, melhoria de infraestrutura – como a criação de ruas mais alargadas e arejadas – e a aperfeiçoar as técnicas de agricultura, por exemplo. Entre um infortúnio e outro, a população mundial chegou a ver um terço das pessoas desaparecer em decorrência desses males. No ano de 1776, a cidade de Lisboa sofreu a ação de um enorme terremoto, seguido de um tsunami, e os sobreviventes tiveram de reconstruir a cidade praticamente do zero. Sem contar inúmeros outros exemplos no decorrer da história humana que foram frutos da ação destruidora do próprio homem, como a quase completa destruição da Bélgica na Primeira Guerra Mundial; das cidades de Berlim e Dresden, na Alemanha, Varsóvia, na Polônia, e Hiroshima e Nagasaki, no Japão, durante a Segunda Guerra Mundial; e dos atuais Síria e Iraque no século XXI.

Quando o Brasil se tornou colônia portuguesa, as primeiras capitais estabelecidas, como Salvador, Recife e Rio de Janeiro, foram erigidas para atender às necessidades do Império. Ainda hoje podemos observar nessas cidades os resquícios de entrepostos militares, grandes igrejas centrais e praças comerciais largas e centrais. Contudo, como em qualquer outro processo histórico de urbanização, as cidades cresceram e já não podiam comportar a quantidade de habitantes. As ruas estreitas antes desenhadas para pedestres e carroças não davam conta da transformação que ocorria no universo dos transportes. Nesse processo de encontro do novo com o antigo, os cortiços, as casas desalinhadas, as fazendas no meio urbano, as favelas e as construções antigas do século XVIII convivem com as modernas do século XXI em uma grande mistura.

Nas páginas anteriores, perpassamos brevemente pelo contexto político e econômico do Brasil moderno, pois o processo de urbanização pelo qual passamos no último século não pode ser compreendido sem conhecermos previamente as vinculações econômicas que o levaram a cabo. A modernização dos centros urbanos brasileiros decorrente do crescimento econômico levou a grandes transformações populacionais, sociais e culturais, que foram responsáveis por mudar profundamente a imagem do Brasil.

Dito isso, devemos atentar para o fato de que não só a continuidade de determinadas práticas e vícios políticos arcaicos moldou a cultura política brasileira, mas as rupturas também deixaram marcas indeléveis na formação da sociedade brasileira e de suas cidades. A intensa exportação do café no final do século XIX, que assinalou o fim do período escravista e a entrada do Brasil então independente na divisão internacional de trabalho, deixou em seus centros urbanos um retrato dessa transição. Em meados do Oitocentos, o cavalo de tração era um meio de transporte bastante utilizado, e já contrastava com os trilhos que começavam a chegar. Em 1865, inaugurou-se na cidade de São Paulo – àquela altura metade urbana e metade rural – a estação de trem *São Paulo Railway*, mais tarde conhecida como Santos-Jundiaí.[41] Os imigrantes italianos, espanhóis, portugueses, japoneses e croatas[42]

---

41. Roberto Pompeu de Toledo, *A capital da vertigem: uma história de São Paulo de 1900 a 1954*. Rio de Janeiro: Objetiva, 2015.
42. Ver: Luciana Cammarota, *Imigrantes nas cidades do Brasil do século XX*. São Paulo: Atual, 2007 (Coleção A Vida no Tempo); Milan Puh (Org.), *A Croácia no Brasil: histórias de uma imigração*. São Paulo: Croatia Sacra Paulistana, 2015.

chegavam aos milhares para complementar ou substituir a mão de obra escrava africana e indígena pela então mão de obra livre. Rapidamente, os bairros do Brás, Mooca, Bom Retiro e Bixiga estariam impregnados de fábricas e de moradias dos imigrantes operários. Pioneira, São Paulo começava a industrializar-se.

No último decênio do século XIX, as ruas do centro de São Paulo, Direita, Quinze de Novembro e São Bento, onde nasceu a cidade, foram alargadas e realinhadas. O tecido urbano paulista, que até então tinha sido causa das improvisações e necessidades, a partir da década de 1880 e com a nova administração da prefeitura nas mãos do urbanista Silva Freire, começava a ser planejado e reformado. Outras charmosas ruas antigas, como a Álvares Penteado e a Quintino Bocaiúva, foram também alargadas e contrastavam com os bairros recentes de Santa Ifigênia, Campos Elíseos e Higienópolis. No despontar do século XX, a cidade de São Paulo era uma verdadeira desordem de épocas: o centro imperial foi revitalizado, mas sem perder seus traços essenciais, os bairros industriais começavam a crescer e a balburdiar-se, e as chácaras no meio da cidade, como a chácara da Palmeiras, hoje parte do bairro de Santa Cecília, a chácara Bom Retiro e a chácara do Carvalho, que deu origem ao bairro da Barra Funda, começavam finalmente a ser loteadas.[43]

A sociedade urbano-industrial estabeleceu novos padrões de vida, como a diminuição do núcleo familiar e a mudança de funções que desempenhavam cada membro da família. As mulheres começaram a ocupar significativos lugares no mercado de trabalho e mais crianças entravam nas escolas. O resultado dessas transformações na sociedade

---

43. Ibid., p. 33.

moderna foi a queda brusca da taxa de analfabetismo, a melhoria nas condições de trabalho, de habitação e dos transportes[44] e, por fim, a concepção mais prática e menos supersticiosa da vida cotidiana.

Processos não muito distintos ocorreram em outros centros urbanos brasileiros, como Rio de Janeiro e Salvador. As cidades recebiam grandes fluxos migratórios do campo, mas também da Europa e da Ásia, e se industrializavam e urbanizavam de forma desequilibrada. A industrialização da década de 1930 aumentou consideravelmente o percentual dos empregos nos setores secundários e terciários, provocando o êxodo rural para as cidades. A população rural em 1940, que antes era de 69%, na década de 1960 decaiu para 55% e, em 1991, era apenas 26%.[45] Na década de 1950, o país assistiu também a uma grande onda migratória do Nordeste para o Sudeste, uma vez que este último tinha o maior PIB regional. O resultado foi a superpopulação, a intensificação do tráfego, a formação de cidades conurbadas e o crescimento das favelas na cidade de São Paulo.

Apesar dos esforços isolados dos urbanistas, as cidades cresciam de forma desalinhada e atulhada. A obra *O cortiço*, de Aluísio Azevedo, publicada em 1890, é apropriada para ilustrar o crescimento dos centros urbanos brasileiros, as condições de trabalho de uma nação que se industrializava e o surgimento dos cortiços como resultado do aumento populacional. As trajetórias das personagens mostram a ascensão de certos estratos sociais e a luta pela sobrevivência de outros. O desfecho da obra é uma metáfora da nossa própria história: consumidos pelo fogo, os cortiços desapareceram e a rua que os abrigava transformou-se

---

44. Boris Fausto (Dir.), *História geral da civilização brasileira: o Brasil republicano – Economia e cultura (1939-1964)*. Rio de Janeiro: Bertrand Brasil, 2007. Tomo III.
45. José William Vesentini, *Brasil, sociedade e espaço: geografia do Brasil*. São Paulo: Ática, 1994.

na revitalizada e larga "avenida São Romão". Os antigos habitantes do cortiço tiveram de migrar para as periferias da cidade e demonstram, poeticamente, a transição do velho para o novo Brasil.

Nessa urbanização como consequência do crescimento populacional e do aumento da produção nas cidades, houve outro fator responsável pela maior complexidade da malha urbana a partir do início do século XX. O crescimento da oferta e da demanda por trabalho intelectual, isto é, mais pessoas letradas em relação ao período imperial, implicava a ampliação do trabalho terceirizado, o que, no caso brasileiro, levou a um novo tipo de urbanização.[46] Em decorrência da oferta intelectual, cresceram o número de profissões e a busca por serviços especializados, ao passo que, com as também crescentes mecanização e inovação tecnológica, aumentou o consumo de bens heterogêneos.

Um fenômeno indistinto que ocorreu no Brasil em comparação à Europa e aos Estados Unidos, por exemplo, foi o surgimento de aglomerados urbanos que já nasceram como cidades relativamente grandes. O nosso país praticamente não conheceu a formação de vilarejos ou vilas. Outro fenômeno interessante e importante a ser ressaltado no nosso caso foi que, já no período colonial, iniciou-se a construção de estradas largas e vicinais ligando o país de norte a sul. Essa maior comunicação inter-regional acabou tornando o país mais fluido física e economicamente, ao passo que reforçava a sua unidade.

A partir dos anos 30 do século XX, as metrópoles regionais fundamentalmente agrícolas de mercados reduzidos ou industriais competitivas se tornaram metrópoles nacionais que se complementavam. Entretanto, cinquenta anos depois, São Paulo acabou por se tornar o polo do Brasil, ligando as cidades umas às outras por meio da sua va-

---

46. Milton Santos, *A urbanização brasileira*. São Paulo: Hucitec, 1993.

riedade de serviços e indústrias capazes de produzir, coletar e distribuir informações e produtos para todo o território nacional.[47] Isso colaborou para que, a partir da década de 80 do século passado, o Sudeste se tornasse a mais urbanizada das regiões brasileiras.

Entre os anos de 1967 e 1979, o país passou por outro grande processo de modernização industrial. O governo militar investiu em infraestrutura pesada em diversas regiões do país, construiu pontes (Rio-Niterói), hidrelétricas (Itaipu e Tucuruí), rodovias (Transamazônica, Perimetral Norte) e a Central Nuclear Angra 1, 2 e 3. Foi nesse período, a partir de 1970, que a região Centro-Oeste, por exemplo – a menos urbanizada do país na década de 1940 –, deu um salto demográfico e se tornou a segunda região mais urbanizada depois do Sudeste. É importante destacar, no entanto, que o processo de modernização e urbanização no Brasil só se tornou completo nessas últimas décadas do século XX porque houve investimento em infraestrutura viária pelo governo militar, conectando todas as regiões brasileiras.

O Brasil, então, tornou-se mais integrado em cidades e regiões. Regiões antes apagadas do processo natural, pelo desinteresse histórico exploratório de dada região, na segunda metade do século XX, passaram a receber infraestrutura de monta que possibilitou a expansão do sistema de transportes urbanos e o consequente desenvolvimento econômico dos centros urbanos menores.

---

47. Ibid., p. 54.

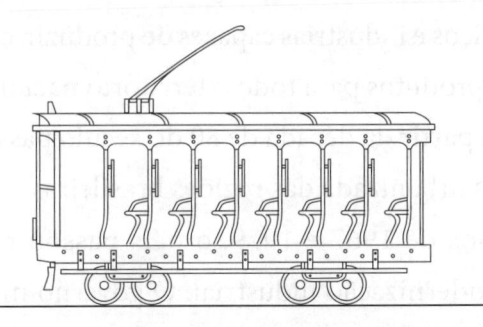

2. O TRANSPORTE NO MUNDO

In short, the yet unfinished and unopened Railroad was in progress; and, from the very core of all this dire disorder, trailed smoothly away, upon its mighty course of civilization and improvement. But as yet, the neighbourhood was shy to own the Railroad. One or two bold speculators had projected streets, and one had built a little, but had stopped among the mud and ashes to consider farther of it.[48]

Charles Dickens

---

[48] "Em resumo, a Ferrovia não terminada e fechada ainda estava em andamento; e, do âmago de toda essa terrível desordem, se afastou suavemente, sobre seu poderoso curso de civilização e aperfeiçoamento. Mas até agora o bairro estava com vergonha de possuir a Ferrovia. Um ou dois especuladores ousados haviam projetado ruas, e um tinha construído um pouco, mas parara entre a lama e as cinzas para refletir além daquilo" (Charles Dickens, *The Dombey and Son*. Pensilvânia: The Pennsylvania State University, 2007 [A Penn State Electronic Classics Series Publication], p. 74, tradução nossa.)

O século XIX foi um período extraordinário em termos de tecnologia científica, industrial e educacional. Esse século chegou a ser chamado de "Idade de Ouro da Segurança"[49] devido à qualidade de vida alcançada nos países considerados mais desenvolvidos. O mundo que outras vezes fora ligado indireta e esporadicamente pelos livros, pelas ideias ou por impérios muito extensos para dar conta de sua multietnicidade, pela primeira vez ligava-se solidamente pelos fios da comunicação, da diplomacia, da democracia, do comércio, dos investimentos e da promoção conjunta da cultura, da arte e da indústria.[50]

Mas as rápidas transformações nos grandes centros urbanos e no subsequente modo de vida dos povos europeu e norte-americano acarretadas pelo industrialismo exigiam soluções igualmente ágeis e eficazes. Assim como mostra o longa-metragem mudo *Aurora*, de 1927, do cineasta alemão F. W. Murnau, para quem vinha do meio rural ou de pequenos vilarejos em direção às cidades grandes, estas deixavam impressões desconcertantes sobre a velocidade, o barulho e a magnitude dos aglomerados. O belíssimo filme alemão mostra as largas avenidas entrecortadas por diferentes veículos – bondes elétricos, tílburis, carroças, automóveis – e por pedestres que as atravessavam sempre com pressa. Sujeira, poluição sonora, acidentes e tráfego intenso eram realidades que geravam problemas públicos e que começavam a preocupar o poder público.

---

49. O escritor judeu austríaco Stefan Zweig denominou dessa forma os tempos de sua mocidade, em que viveu no seio de uma família abastada de classe média alta. Ver: Stefan Zweig, "The world of security". In: *The world of yesterday: an autobiography by Stefan Sweig*. Londres, Toronto, Melbourne e Sydney: T. and A. Constable, Hopetoun Street, Printers to the University of Edinburgh, 1943-1947, p. 13.
50. Margaret MacMillan, *A Primeira Guerra Mundial: que acabaria com as guerras*. São Paulo: Globo, 2013.

Tentando contornar algumas dessas questões, no final do século XIX ocorreu uma série de feiras, exposições e eventos que visavam, de um lado, à afirmação nacional no cenário internacional – feiras que exibiam as grandes invenções do século – e do outro, a busca por soluções aos problemas urbanos que se apresentavam. No ano de 1879, Werner von Siemens exibiu na Exposição Industrial de Berlim a invenção que consistia na primeira locomotiva elétrica do mundo. Poucos anos depois, o jovem Império Alemão ficaria espantado com a esplêndida apresentação naval da marinha britânica real (*Royal Navy*) no jubileu de ouro da rainha Victoria em 20 de junho de 1887. E menos de três anos depois, na virada do século XIX para o XX, a França organizou a primeira Exposição Universal em Paris, evento aberto para 50 milhões de pessoas, no qual dava a conhecer ao mundo o espetáculo de invenções das diferentes nações ao redor do globo. Entre as inovações trazidas pela França, estava a primeira linha de metrô de Paris.[51]

Ainda no segundo quartel do século, mais precisamente no ano de 1898, ocorreu na cidade de Nova York, a 1ª Conferência Internacional de Planejamento Urbano, visando minimizar os danos causados pelos veículos puxados por animais ao saneamento da cidade (grandes toneladas diárias de fezes nas ruas), à segurança pública (acidentes fatais causados por carroças) e à mobilidade urbana (congestionamentos constantes). Sem obter resultados ou soluções expressivas, o problema público do transporte de animais só viria a ser contornado quase vinte anos depois, com a popularização do carro.[52]

---

51. Ibid.
52. Barbara Rubim; Sérgio Leitão, "O plano de mobilidade urbana e o futuro das cidades". *Revista Estudos Avançados*, São Paulo, v. 27, n. 79, pp. 55-66, 2013.

Além disso, eram poucos os que tinham acesso à locomoção urbana por meio dos caleches e tílburis.[53] Temos relatos ficcionais da literatura europeia e cotidianos dos jornais oitocentistas que narram os graves acidentes causados pelo grande contingente de pedestres a circular em meio aos automóveis tracionados por animais. A invenção do transporte coletivo urbano amenizaria grande parte desses problemas, mas, antes de firmar-se e popularizar-se, várias tentativas foram feitas e modelos criados na tentativa de torná-lo rentável e durável.

Ideias precursoras: o ônibus de Baudry e o trem de Trevithick

Ainda há controvérsias, mas é bastante provável que o ônibus tenha vindo primeiro. Há documentação que indica que a ideia inicial de um transporte público coletivo e de um sistema operacional para o funcionamento desse tipo de transporte surgiu com Blaise Pascal, na França, em meados do século XVII.[54] O coletivo foi idealizado nos moldes de uma carruagem (tração animal), a chamada *carrosses à cinq sols*, mas sua ideia, na época, não vingou. Só foi retomada e popularizada quase dois séculos mais tarde por outro francês, Stanislav Baudry, que implementou um sistema de diligências para a circulação dos seus

---

53. Caleche é uma carruagem criada no século XVIII na França, tracionada por dois a quatro cavalos. Já o tílburi, inventado na Inglaterra, em 1818, por Gregor Tilbury – de onde provém o nome –, é uma carruagem leve, puxada somente por um animal. Ver: Ayrton Camargo e Silva, *Tudo é passageiro: expansão urbana, transporte público e o extermínio dos bondes em São Paulo*. São Paulo: Annablume, 2015, pp. 22-23.

54. Não temos como pretensão, contudo, buscar a origem das ideias ou das invenções, pois, como ressaltou o historiador francês Michel de Certeau, em qualquer trabalho de natureza histórica nunca é possível alcançar a origem das coisas, "mas apenas os estágios sucessivos de sua perda". Ver: Michel de Certeau, *A escrita da História*. Rio de Janeiro: Grupo Editorial Nacional, 2015, p. 7.

omnibus em 1826. Rapidamente o sistema de *omnibus* foi importado e implementado em Londres, Alemanha, Estados Unidos e Brasil.[55]

Nesse ínterim, os ingleses chegaram com a invenção que mudaria significantemente o rumo dos transportes no mundo: o trem. A invenção do engenheiro Richard Trevithick foi apresentada ao mundo em 1804 com o sistema de funcionamento das locomotivas a vapor. Embora o transporte sobre trilhos (madeira ou ferro) não tenha sido um fator inédito na história humana, a locomotiva inglesa de Trevithick não dependia da força humana ou animal para se movimentar. Em 1812, os vagões ingleses já carregavam passageiros e, a partir da década de 1830, as ferrovias inglesas começavam a se espalhar pelo mundo. É interessante destacar que a construção de ferrovias nos Estados Unidos foi um evento muito importante para completar o processo de ocupação territorial ao longo do século XIX, a chamada "marcha para o oeste", como posteriormente ficou conhecido.[56]

Mais ou menos na mesma época os bondes surgiram e, por volta da década de 1840, se tornaram mais populares do que os *omnibus*.[57] Foi também nesse período (1820) que os primeiros veículos movidos a vapor começaram a aparecer – carros, ônibus, anfíbios, locomotivas e até mesmo carruagens a vapor. Como resultado da corrida imperialista e do avanço industrial, o mundo ocidental viu o milenar sistema de tração animal ser lentamente substituído pela máquina a vapor.

---

55. Eurico Divon Galhardi, *Centro de Documentação e Memória*. Brasília: Confederação Nacional do Transporte (CNT), Associação Nacional das Empresas de Transportes Urbanos (NTU), 2019.
56. Silvio dos Santos, *Transporte ferroviário: história e técnicas*. São Paulo: Cengage, 2012.
57. Idem, p. 47.

A motorização elétrica e a combustão: os legados de Siemens, Carl Benz e Diesel

Não demorou muito para que fosse desenvolvido o sistema de transporte elétrico. Os bondes e ônibus elétricos foram os primeiros a circularem, e eram alimentados por cabos aéreos e pneus de borracha que se movimentavam em pavimentação comum. O inventor do trólebus,[58] batizado de *Elektromote*, foi o alemão Ernst Werner von Siemens, em 1882 – aquele que apresentara a sua invenção na Exposição de Berlim –, fundador da empresa Siemens. Durante todo o século XIX, as pessoas assistiram com entusiasmo e esperança à chegada dos diferentes tipos de veículos e à criação de diferentes sistemas de geração de energia que, por um momento, permitiram coexistir em maquinários a vapor e veículos elétricos.

Veículos maiores, como o trem e o navio, funcionavam a partir de um sistema fastidioso a vapor, em uma mistura de carvão e água. Esse sistema não obteve muito sucesso entre os veículos rodoviários, dando-se preferência à força elétrica e à bateria para mover bondes, ônibus e trólebus de curta distância. Entre os automóveis, também começaram a se tornar comuns a partir da década de 1920 os modelos elétricos, embora, assim como os anteriores, eles também não pudessem percorrer longas distâncias. Num primeiro momento, o sistema elétrico foi mais popular, sobretudo porque não contava com sistema de transmissão, emissão de gases e poluição sonora. Na mesma época, surgiram também os primeiros híbridos, em vista das curtas distâncias que alcançavam os veículos movidos a bateria e eletricidade.[59]

---

58. Veículo elétrico alimentado por uma catenária de dois cabos suspensos. Sistema flexível que pode circular na via comum.
59. Gabriel Dupuy, *Les territoires de l'automobile*. Paris: Éditions Anthropos, 1995 (Collection Villes).

De um lado, os limites espaciais e a baixa autonomia que tinham os veículos movidos a bateria e eletricidade e, do outro, os barulhentos e pesados métodos a vapor e carvão levaram a uma invenção tecnológica que mudaria para sempre diversos âmbitos da atividade humana: o motor de combustão interna. O modelo de energia obteria sucesso no começo do século XX, mas desde meados do século XIX já se verificava na Bélgica e na Alemanha testes de engenheiros em alguns veículos de motor de quatro tempos. Movidos primeiramente a gás, o alcance era reduzido e de alto custo, além de haver riscos de acidentes fatais. A revolução só estaria completa após a adoção dos derivados do petróleo.

A associação dos engenheiros alemães Gottlieb Daimler e Carl Benz trouxe novas mudanças ao universo dos transportes no mundo. Daimler criou o primeiro motor de quatro tempos movido a gasolina, enquanto Benz inventou o primeiro ônibus a gasolina do mundo, que começou a circular em março de 1895. Dessa união surgia a famosa marca Mercedes-Benz, que hoje fabrica tanto carros como ônibus e caminhões.

Outra invenção importante foi a do motor a combustão adaptável ao diesel, desenvolvido pelo alemão Rudolf Diesel na década de 1930. O motor a diesel, em particular, revolucionou a vida dos trabalhadores e das pessoas comuns, pois o progresso e a difusão desse tipo de energia combustiva reduziram os gastos dos transportes grandes, sendo adaptada a ônibus, caminhões e também carros, favorecendo, assim, a circulação de pessoas e mercadorias em distâncias cada vez maiores e por mais tempo.[60]

Tais mudanças, entretanto, não se restringiram ao universo dos transportes. A passagem da energia de iluminação pública de gás para a elétrica e a maior circulação de tipos modais de transporte público

---

60. Eurico Divon Galhardi, op. cit., pp. 40-41.

nos centros urbanos afetavam toda a infraestrutura das cidades, bem como a vida econômica e social como um todo. O poder público percebeu que as mudanças vivenciadas pela população urbana não diziam respeito somente a iniciativas privadas e sua capacidade inventiva (do ponto de vista do progresso material), mas eram também aspectos que mereciam o aporte do Estado por abranger uma questão social maior: a da mobilidade e da urbanização.

Efeitos secundários, mas permanentes

Em uma manhã de dezembro do ano de 1952, os habitantes da cidade de Londres despertaram e viram o céu encoberto por uma densa névoa, embora não parecesse visualmente muito diferente da *fog* do inverno que conheciam. Mas nos próximos dias, aquela névoa se tornou um problema grave de saúde pública, pois se tratava de uma junção tóxica dos efeitos da poluição urbana com o meio ambiente.[61] Essa mistura de neblina e fumaça negra, mais tarde denominada *smog*, causou a morte de 2 mil londrinos, deixando cerca de 10 mil doentes. Na época, e ainda algum tempo depois, as indústrias, os consumidores e os Estados modernos não previram a gravidade das consequências ambientais futuras da queima desenfreada de carvão e do uso de poluentes nas fábricas, nos transportes e na calefação das casas.

Os romances do inglês Charles Dickens publicados no final do século XIX já ilustravam as consequências da atividade industrial no

---

61. Kate Winkler Dawson, *Death in the air: the true story of a serial killer, the great London smog, and the strangling of a city*. Nova York: Hachette, 2017.

cotidiano das cidades londrinas,[62] mas o Ocidente precisou de algum tempo para associar os problemas de saúde pública da década de 1950 em diante – como as doenças respiratórias, a hipóxia e, no longo prazo, o câncer – à qualidade do ar.

As obras de Dickens, assim como outras obras europeias escritas no final do século XIX e início do XX, reconhecidas mundialmente – como as obras dos romancistas Victor Hugo e Thomas Mann –, retratavam os impactos positivos e negativos da industrialização e da expansão dos transportes na vida dos homens. Certamente, o tempo de deslocamento no espaço foi encurtado e mais pessoas passaram a ter acesso ao transporte público, bem como às informações que chegavam mais rápido. Já outros aspectos ligados ao meio ambiente e ao pleno acesso das pessoas ao transporte público – das mais carentes às que moram mais distantes dos centros urbanos – só foram tópicos que mereceram a devida atenção muitos anos mais tarde, quando outros problemas urbanos se apresentaram.

Em outras palavras, e de forma mais abrangente, as transformações econômicas e sociais provocadas pelos efeitos da industrialização, como crises econômicas (a de 1915, o *crash* de 1929), guerras coloniais (África e Ásia) e guerras mundiais (1914 e 1945), abalaram e refletiram na qualidade de importantes direitos civis, econômicos, sociais e políticos. A saúde, a segurança pública e o planejamento urbano se tornaram pautas incontornáveis e emergentes aos Estados modernos. Algumas medidas foram tomadas rapidamente; o uso de caminhões a vapor na Inglaterra foi proibido e cidades como Nova York, São Paulo e Rio de

---

62. A sua obra *Dombey and Son*, da série Dealings with the Firmo of Dombey and Son, escrita por volta de 1846, é notável por retratar a expansão das ferrovias e o cotidiano dos usuários dos trens europeus.

Janeiro foram reurbanizadas para comportar trens, metrôs, ônibus urbanos e pedestres.[63]

A partir da década de 1950, grandes cidades de vários países ao redor do mundo comportavam em suas linhas ferroviárias e rodoviárias veículos elétricos ou movidos a gasolina e diesel que circulavam simultaneamente nas rodovias e nos centros urbanos. Somente a partir da década de 1970 começou-se a pensar em combustíveis alternativos. A guerra do Yom Kippur, travada entre palestinos e israelenses, fez com que a Organização dos Países Exportadores de Petróleo (Opep), de maioria árabe, decidisse vetar a venda de petróleo aos países que demonstravam apoio a Israel. As consequências da suspensão da liga árabe deixaram em sua esteira uma crise sem precedentes, isto é, a instabilidade energética ao redor do mundo.

A guerra travada no Oriente levou a uma corrida científica e de produção no mundo todo com o objetivo de gerar energia alternativa e desenvolver transportes que comportassem outros tipos de sistema.[64] Isso porque a crise energética afeta toda a cadeia de desenvolvimento de uma sociedade, desde a pura e simples mobilidade humana até a oferta de alimentos, levando, consequentemente, à fome.

Somente a partir da década de 1990 as reservas nacionais de petróleo no Ocidente começaram a se reestabelecer, ao passo que soluções alternativas começaram a ser desenvolvidas além da matéria-prima do petróleo, como o gás natural (mistura de combustíveis fósseis) e o álcool (biocombustível). A busca por alternativas fez com que também

---

63. Leonardo Cleber Lima Lisboa, *Transporte de Londres, Paris e São Paulo: aspectos fundamentais do planejamento e expansão das redes de transporte estruturais e sua relação com a organização do tecido urbano*. São Paulo: FAU-USP, 2019. Tese (Doutorado).
64. Chaim Herzog, *A guerra do Yom Kippur*. Rio de Janeiro: Biblioteca do Exército, 1977.

ressurgissem com força os veículos híbridos. No caso dos ônibus, entretanto, o biodiesel e a eletricidade obtiveram maior sucesso do que as outras fontes de energia. Atualmente, cidades como Londres, Califórnia, Sydney, Amsterdã, Santiago, São Paulo e Campinas formaram significativa frota de ônibus elétricos, visando reduzir a emissão de poluentes e investir em tecnologia e geração de energia alternativa. A China, por sua vez, se tornou o país com a maior frota de ônibus elétrico do mundo (concentra 99% dos coletivos que rodam o mundo), tendo na cidade de Shenzhen, no sudeste, a sua grande referência com uma frota totalmente composta por ônibus eletrificados (além da frota dos táxis, que também é inteiramente elétrica).

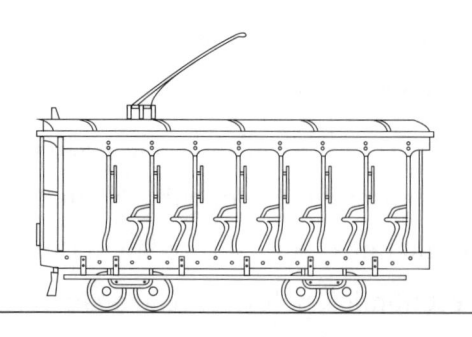

3. O TRANSPORTE NO BRASIL NOS ÚLTIMOS CEM ANOS

> *O oeste brasileiro está à espera de quem o queira descobrir [...] anseia por uma época de ouro que conseguirá conquistar, a partir do dia em que o governo federal iniciar vasto plano de construção de ferrovias e rodovias que o coloque em fácil comunicação com o resto do país, com o Brasil propriamente dito.*
> A. Monteiro de Barros, em *O Agrário*, jan. 1939

No final do século XIX, a escravatura era considerada por grande parte dos liberais, abolicionistas e burgueses o maior motivo do atraso econômico da sociedade brasileira em relação às sociedades europeia e norte-americana, que estavam em rápido desenvolvimento naquele período. A economia brasileira era essencialmente agrícola e de mão de obra escrava, com baixa capacidade produtiva, consumo limitado e, principalmente, não industrializada. Na visão de importantes nomes da época, como os políticos Joaquim Nabuco, Rui Barbosa, José do Patrocínio e os literatos Luiz Gama e Sílvio Romero – cada um em sua perspectiva, econômica, política, racial ou literária –, a escravatura e a letargia do povo brasileiro eram a principal razão desagregadora da nação e do projeto de Brasil-nação almejado.[65] Isso impedia o seu desenvolvimento civilizacional e industrial, como, na visão progressista, já acontecia em países como Inglaterra, França, Japão, Índia e Estados Unidos.

A despeito das divergências políticas durante o Período Regencial (1831-1840) e no início da regência de D. Pedro II, a abolição da escravidão se tornou a razão do esforço em busca de alianças políticas num primeiro momento, definindo os passos seguintes da nação. Alinhado aos ideais ingleses – ou pressionado por eles –, o abolicionismo se tornou um forte movimento político até se concretizar no ano de 1888, e quase sempre esteve alinhado à ideia de abertura econômica e expansão de mercados.

Mas a República, como regime político e instituição, chegou para muitos como um golpe no dia 15 de novembro de 1889.[66] O filósofo e sociólogo brasileiro Renato Lessa falou em "invenção republicana" justamente pela ausência de povo, de reação do sistema político imperial e de projeto político consolidado durante o processo. A aglomeração de homens fardados na Praça da República imitava uma parada militar

---

65. J. Murilo de Carvalho, *Os bestializados: o Rio de Janeiro e a República que não foi*. São Paulo: Companhia das Letras, 1986, pp. 16-17.
66. Renato Lessa, *A invenção republicana*. Rio de Janeiro: Top Books, 1990.

costumeira após a Guerra do Paraguai, o que fez com que a mudança de regime político passasse quase despercebida para alguns e cheia de impasses para muitos.[67]

Mas a própria questão industrial comprometia qualquer projeto social e de infraestrutura que se quisesse para o território nacional. Embora já no fim do Império e nos anos iniciais da República se observasse o desenvolvimento de serviços urbanos nos setores de energia, transporte e comunicação, por exemplo, o seu alcance era limitado, tanto física como economicamente.[68] Dado que a economia brasileira era ainda majoritariamente dependente do comércio externo, as empresas que vinham atuar nos setores de energia e transportes acabavam investindo em áreas e em determinada infraestrutura que lhes fossem mais interessantes e rentáveis (vide o caso dos ingleses, com a construção das primeiras ferrovias).

Um exemplo que ilustra a atuação da iniciativa privada no Brasil nesse primeiro momento é o caso da cafeicultura no Sudeste. Na segunda metade do século XIX, os investimentos externos eram em grande medida direcionados à região cafeeira no Sudeste, isto é, conduzidos para a infraestrutura necessária à produção e à exportação do grão. O café estimulou a criação dos bancos privados, a expansão do crédito e a chegada das primeiras indústrias e companhias voltadas à infraestrutura de transportes e à produção agrícola.

Paralelamente, a crescente hegemonia marítima e industrial inglesa nos portos e mercados mundiais fez com que o interesse britânico se

---

67. J. Murilo de Carvalho, *A construção nacional: 1830-1889*. Rio de Janeiro: Objetiva, 2012.
68. Paul Singer, "Evolução da economia e vinculação internacional". In: Jorge Wilheim; Paulo Sérgio Pinheiro (Orgs.). *Brasil, um século de transformações*. São Paulo: Companhia das Letras, 2001, p. 80.

tornasse prioridade nas tomadas de rumo político no Brasil a partir da segunda metade do século XIX. Para facilitar o escoamento das mercadorias inglesas em terras brasileiras, por volta de 1835 foi dado início ao projeto de ligar a então capital Rio de Janeiro com outras províncias por meio dos trilhos. Em 1854 foi inaugurada a primeira linha ferroviária, que ia do Porto de Mauá (Baía de Guanabara) a Petrópolis, puxada pela locomotiva *Baronesa*. Com o dinheiro e os materiais ingleses, mais tarde o governo imperial construiu outras linhas ferroviárias, que acabariam convergindo aos interesses da economia cafeeira.

As iniciativas privadas e mesmo as atitudes governamentais eram pontuais e estavam principalmente ligadas aos interesses ingleses/externos e ao desenvolvimento da economia cafeeira. A população do Império, que à época contava com cerca de 7 milhões de habitantes,[69] tinha pouca participação no domínio político e, consequentemente, no plano de desenvolvimento econômico, até porque a própria concepção de Estado social democrático ainda demoraria a ser formulada. A política das oligarquias e a economia cafeeira agroexportadora excluíam totalmente o povo do processo de expansão econômica e de participação política (sufrágio, formação de partidos, sindicatos e mesmo alfabetização). Embora seja datada dessa época a chegada dos transportes coletivos (bondes movidos por tração animal e trens) e privados no Brasil, o grosso da população tinha pouco acesso a essas estruturas de transporte, pois eram reservadas às elites ou àqueles que podiam pagar suas – por vezes elevadas – taxas de deslocamento e aluguel de automóveis.

---

69. Dados históricos do censo demográfico disponibilizados pelo Instituto Brasileiro de Geografia e Estatística (IBGE). Disponível em: https://memoria.ibge.gov.br/sinteses-historicas/historicos-dos-censos/dados-historicos-dos-censos-demograficos.html. Acesso em: 1 fev. 2020.

São Paulo toma as rédeas

A região que compreende o atual estado de São Paulo foi em parte formada ainda no período colonial, a partir de um entreposto articulado por desbravadores, carroceiros e comerciantes que vinham do Nordeste e de Minas Gerais, no sentido sul do país. Lugar de parada e descanso, aos poucos o comércio começou a se desenvolver na beira das estradas, atraindo pessoas para estas largas planícies de mares de morros praticamente desabitadas. Pouco a pouco o comércio em São Paulo se tornava mais diversificado que no restante do país, como resultado das articulações entre o ouro de Minas Gerais e a pecuária do Sul. Já no século XVIII despontou a agricultura cafeeira que terminou de desenvolver a província. Campinas foi o principal polo do café nos primeiros tempos, e em Santos tratou-se de escoar as sacas desse produto que se tornava cada vez mais estimado ao redor do mundo.

Outras grandes mudanças políticas, econômicas e sociais arrastadas com e por causa do fim da escravidão, da proclamação da República, do ciclo do café, da chegada de mão de obra estrangeira e, por fim, de outros acontecimentos menos falados, mas não menos importantes – como a epidemia de febre amarela que afligiu a população de Santos e Campinas por volta de 1889 –,[70] contribuíram para o *boom* demográfico no município de São Paulo no final do século XIX. Em 1890 a população de São Paulo triplicou em relação a 1870, e em 1900 praticamente quadriplicou esse número, chegando a 239.820 habitantes.

---

70. Maria Alice Rosa Ribeiro, *Uma história sem fim: um inventário da saúde pública em São Paulo, 1880-1930*. Campinas: Unicamp, 1991. 2 v. Tese (Doutorado). Disponível em: http://www.repositorio.unicamp.br/handle/REPOSIP/285830. Acesso em: 10 set. 2019.

Quase no final do século, em 1870, a província de São Paulo teve um grande desenvolvimento e se consolidou como o polo principal da produção cafeeira no Brasil, tendo Campinas e região à frente na produção do grão. A chegada da estrada de ferro que perfazia a linha São Paulo-Jundiaí e do sistema de bondes operados pela Companhia Carris de Ferro de São Paulo foi causa e expressão do crescimento desse período, tornando São Paulo pioneira nos transportes urbanos e a província que mais se desenvolvia economicamente. Assim, a cidade de São Paulo se firmava como centro de comercialização e financiamento do escoamento do café de Campinas, enquanto a cidade de Santos foi posicionada nas áreas de infraestrutura para exportação. Como resultado desse processo, pouco mais de cinquenta anos mais tarde, São Paulo lideraria uma revolução capitalista no país, impulsionada sobretudo pelo café.[71]

O primeiro terminal conhecido de passageiros usuários de transporte coletivo surgiu no bairro da Luz, em São Paulo. Os usuários contavam com um sistema de circulação de tílburis de aluguel para terem acesso à estação, partindo inicialmente da praça da Sé.[72] Os tílburis, já existentes antes da chegada da estação ferroviária, foram, talvez, o primeiro sistema conhecido de transporte coletivo urbano de passageiros, com características operacionais (trajetos, itinerários, motoristas) e tarifárias (preço fixo) inovadoras para a época, ainda que limitadas. Esse sistema funcionou sem a intervenção do poder imperial (Estado), até que, por causa da irregularidade dos itinerários, do preço das tarifas e da incapacidade de atender a grandes demandas, o

---

71. Gerald Michael Greenfield, "Algumas notas sobre a história da viação urbana no velho São Paulo". *Revista de História*, v. 49, n. 99, pp.177-143, 1974.
72. Ayrton Camargo e Silva, *Tudo é passageiro: expansão urbana, transporte público e o extermínio dos bondes em São Paulo*. São Paulo: Annablume, 2015, pp. 22-23.

serviço de tílburis foi dando lugar a outras alternativas de transporte e à política de concessões.

Mas, até os últimos anos do Império (1889-1990), grande parte da população brasileira se locomoveu de um lugar a outro por meio da carroça tracionada (hipomóvel), da caleche, do chofer e, grosso modo, a pé. As mudanças sociais, políticas e econômicas do final do século XIX que foram desdobradas nos capítulos anteriores, afetaram principalmente o meio urbano e alteraram de forma significativa as condições de mobilidade e de moradia das pessoas. Com o fim da escravatura e as suas consequências – a liberdade para todas as pessoas e seus descendentes, o crescimento da população urbana em detrimento da rural, a procura por serviços maior do que a oferta –, os tílburis em circulação já não davam conta da demanda, e a situação impôs a necessidade urgente de organizar o transporte público de pessoas e de cargas de forma mais estável e com operações regulares. Em 1871, foi criado então, na província de São Paulo, um sistema de bondes tracionados por burros (já existente na Europa) regulamentado – mesmo que de modo precário – pelo governo, lançando as bases do que mais tarde iria evoluir para o sistema de concessões estatais para serviços de transporte público coletivo urbano.

O itinerário cobria a região hoje conhecida como o centro velho de São Paulo; os bondes cruzavam as ruas Direita, do Comércio, São Bento e XV de Novembro e os largos da Sé, do Carmo e do Palácio, com ponto final na estação ferroviária da Luz. Na Estação da Luz, o serviço de trens já era operado, e de lá saíam trens com destino a Sorocaba, Jundiaí, Santos e Rio de Janeiro, por exemplo. A empresa pioneira concessionada pelo governo provençal para oferecer o serviço de bondes e trens adotou o nome de Companhia Carris de Ferro de São Paulo, inaugurando, com efeito, a primeira estrutura pública governamental responsável pela fiscalização dos serviços de deslocamento urbano.[73]

Como os bondes tracionados por burros dependiam duplamente da iniciativa privada e da concessão governamental, as linhas cobriam apenas algumas regiões, alcançando apenas uma pequena parcela da população urbana do município. Assim, outras companhias e interessados apareceram pleiteando a concessão provençal para novas instalações, e aos poucos foram se expandindo os serviços de transporte e criando-se uma estrutura de mobilidade improvisada para os "clientes compulsórios".

Tais circunstâncias apontaram a emergência do poder municipal – e não somente das iniciativas privadas[74] – em intervir na disposição viária e urbana da cidade de São Paulo para comportar o fluxo urbano que aumentava especialmente ao redor do centro da cidade (onde ficava a Estação da Luz). Nessa época, no entanto, tais mudanças urbanas não chegaram a constituir uma ação conjunta de políticas públicas no sentido de pensar em uma estrutura viária que abrangesse o transporte coletivo, e muito menos em um sistema interligado ou integrado de transportes e de vias operadas por concessionários que cooperassem para a mobilidade urbana como um sistema único. Cada linha viária implantada por uma concessionária (na década de 1880, as concessionárias mais conhecidas eram a Companhia Carris de Ferro de São

---

73. Ibid., p. 27.
74. No centro novo de São Paulo, por exemplo, a região das atuais ruas Conselheiro Crispiniano, Barão de Itapetininga, 24 de Maio e Xavier Toledo foi loteada e planejada a partir da iniciativa privada dos herdeiros do Barão de Itapetininga no final do século XIX. O mesmo se sucedeu em outras regiões centrais, como Bom Retiro, Barra Funda e Campos Elíseos. Ver: Ayrton Camargo Silva, *Tudo é passageiro: expansão urbana, transporte público e o extermínio dos bondes em São Paulo*. São Paulo: Annablume, 2015, p. 31.

Paulo e a Companhia Paulista de Transportes) tinha um contrato específico com o governo provençal, mas, por vezes, as concessionárias disputavam entre si a hegemonia das linhas em determinadas regiões.

O transporte coletivo surgiu então com a iniciativa privada em São Paulo, que pleiteava junto ao governo do município a exclusividade desse tipo de serviço. Foram os investidores privados que definiram as primeiras vias que mereciam receber o transporte coletivo. Ao poder público municipal, que gozava de certa autonomia em relação ao governo imperial, ficaram reservados apenas a permissão e a delimitação de obrigações mínimas aos concessionários, e vez ou outra a definição de horários, percursos específicos, valores de tarifas e regras de comportamento para os cocheiros e condutores, por exemplo.

O sistema de concessões logo apresentou problemas que mal seriam resolvidos até pelo menos a década de 1980. Conflitos por áreas privilegiadas, preferências de concessões contratuais entre o poder público e o privado, bem como atitudes grosseiras diante das necessidades públicas. No decorrer dos anos, foram várias as tentativas de contornar tais impasses, enquanto outras questões fundamentais, como a acessibilidade e a integração dos transportes, foram deixadas de lado durante longo termo.

São Paulo se colocava como liderança no projeto de Brasil moderno. Com a guerra mundial irrompida na Europa no ano de 1914, a América se posicionou como próxima candidata a exemplo de civilização e modernidade. Em São Paulo cunhavam os termos "futurismo" e "futurista", e as lideranças intelectuais enxergavam a cidade como uma "Paris, um Nova York menos intenso, um Milão mais vasto [...] uma formidável e gloriosa cidade ultramoderna". São Paulo era a "metrópole cosmopolita" que caminhava sentido aos "futurismos de atividades, de indústria, de história e de arte".[75] Em um de seus romances, o escritor e poeta Oswald de Andrade escreveu, não sem alguma aspiração, que "o Brasil é isso. Daqui a vinte anos os Estados Unidos nos imitarão".[76] Eram esses a mentalidade e os anseios que motivavam as lideranças paulistas e também a gente comum. Inclinada a se alinhar cada vez mais à ideia de modernidade e futuro, a cidade de São Paulo se tornava, dessa forma, a capital pioneira em vários aspectos, como no segmento dos transportes.

A chegada da Light e a expansão do transporte público

A chegada da Light em São Paulo em 1899 é um caso notório, de uma das primeiras organizações privadas voltadas para o transporte público que se estabeleceram na capital paulista. A companhia canadense idealizada no Brasil pelos empresários Francisco Antônio Gualco, Antônio Souza e Frederick Stark Pearson visava atuar nos ramos de transporte coletivo, geração e distribuição de energia elétrica e iluminação pública. A Light veio se juntar às outras empresas privadas que já ofereciam serviços públicos como os de transporte coletivo, telefonia, fornecimento de água e esgotos e iluminação pública, todas concessionadas.[77]

O enfoque da companhia canadense era, no entanto, a energia elétrica. Autorizada por decreto pelo presidente Campos Sales, a empresa construiu já em 1901 a usina hidrelétrica de Parnaíba, e em 1905

---

75. Mário da Silva Brito, *Antecedentes da Semana de Arte Moderna*, pp. 204-206. Apud Roberto Pompeu de Toledo, *A capital da vertigem: uma história de São Paulo de 1900 a 1954*. Rio de Janeiro: Objetiva, 2015, p. 223.
76. Oswald de Andrade, *Serafim Ponte Grande*. Rio de Janeiro: Biblioteca Azul, 2006, p. 122.
77. Ayrton Camargo e Silva, *Tudo é passageiro: expansão urbana, transporte público e o extermínio dos bondes em São Paulo*. São Paulo: Annablume, 2015.

finalizava a maior e mais moderna usina hidrelétrica do país, a Usina de Fontes, no Rio de Janeiro. Na mesma época, a Light comprou e unificou diversas companhias menores do segmento de transportes, ampliando sua atuação nas capitais brasileiras. Com uma frota extensa composta de bondes e carris urbanos, a Light se consolidava como referência nos transportes do Rio de Janeiro como Rio de Janeiro Tramway, Light and Power Company e, em São Paulo, como São Paulo Tramway, Light and Power Company. Dessa forma, a companhia contribuiu para a expansão de diversos bairros conhecidos e viu a sua própria frota ser substituída conforme as tecnologias avançavam.

O ônibus regulado a gasolina começou a circular no Brasil por volta de 1908, substituindo em grande número os bondes elétricos. Foi instituído pelo empresário Otávio da Rocha Miranda por meio de concessão. Nas décadas de 1920 e 1930, iriam coexistir nas grandes cidades brasileiras os bondes elétricos, os ônibus movidos a gasolina e os ônibus elétricos. Embora trágicas, algumas notícias publicadas no *Jornal do Brasil*, do Rio de Janeiro, no ano de 1934, ilustram essa realidade plural e de autonomia do poder público e privado em relação à gestão dos transportes coletivos. Em uma comemoração carnavalesca de rua "verificou-se um triste fato que causou a mais profunda consternação": um ônibus, "o de n. 22 da Viação Progresso, chapa n. 883", passou em grande velocidade e "feriu gravemente um dos componentes do bloco" Gato Preto. Um pouco adiante, outra notícia narra o "violento choque de veículos na Avenida Passos", no Rio de Janeiro, em que se chocaram o bonde n. 367 da linha da Lapa e o "automóvel de aluguel n. 13575".[78] O jornal descreve outro episódio que se passou na rua 24 de Maio, no

---

78. *Jornal do Brasil*, 30 jan. 1934. Disponível em: http://memoria.bn.br/docreader/DocReader.aspx?bib=030015_05&pagfis=40337. Acesso em: 15 set. 2019.

qual uma carroça puxada por tração animal colidiu com um ônibus interestadual que vinha de São Paulo, felizmente sem deixar feridos.[79]

Os serviços básicos de energia elétrica, saneamento básico e transporte coletivo oferecidos por companhias como a Light fizeram com que algumas cidades brasileiras passassem por incríveis progressos entre os anos 1930 e 1950.[80] As cidades cresciam espantosamente e geraram reações imediatas nos que temiam a homogeneização da vida e da cultura urbanas. É nesse período que surge na literatura brasileira o movimento "regionalista" de escritores como Rachel de Queiroz, Graciliano Ramos, Jorge Amado e José Lins do Rego. O enaltecimento do regionalismo mostrava um esgotamento do próprio sentimento de modernismo de outrora. A aparência das cidades se modificava dia após dia, fazendo com que os motivos que haviam inspirado as críticas – condições de moradia, trabalho e discriminação cultural – se tornassem políticas públicas emergentes.[81]

A partir da década de 1950, no governo de Juscelino Kubitschek, o transporte se tornou uma das grandes prioridades no Brasil – ainda que sob outra roupagem. Sob o binômio "energia e transporte" e com a finalidade de modernizar e industrializar o país, o presidente mineiro mirou os "pontos de estrangulamento" da economia do país que impediam o seu desenvolvimento. A partir da estratégia lançada pelo Plano de Metas de JK, o governo focalizou alguns setores específicos: ao setor de energia foram reservados 43,4% dos investimentos (geração de energia, produção de carvão e refinação de petróleo); 29,6% foram

---

79. Ibid.
80. Luiz Carlos Bresser-Pereira, *A construção política do Brasil: sociedade, economia e Estado desde a Independência*. São Paulo: Editora 34, 2016.
81. Luís Bueno, "Experiência rural e urbana no romance de 30". *Revista Terceira Margem*, v. 11, n. 16, pp. 142-157, 2007.

para o setor de transportes (reestruturação de ferrovias, dos serviços portuários e do transporte aeroviário); 20,4% para a indústria de base (siderurgia, borracha, minérios de ferro, indústria automobilística, construção naval e material elétrico pesado); e, por fim, 3,4% para a educação, visando à formação de pessoal técnico especializado.[82]

Entre as décadas de 1950 e 1960, viveu-se uma época de intensa abertura ao capital estrangeiro norte-americano e europeu em relação ao governo anterior do Estado Novo. O impulso da industrialização no país nesse período pode ser visto como uma arena em que competiram indústrias europeias e norte-americanas por melhores posições de mercado. Um dos mercados mais expressivos nessa disputa foi o da indústria automobilística. Essa corrida pela hegemonia mercadológica estrangeira acabou por mudar significativamente a malha urbana e a infraestrutura de transporte no Brasil. Embora o transporte coletivo tenha vivido um importante período de expansão, aprimoramento e diversificação, o alto investimento na indústria nacional automobilística acabou por definir de vez a principal matriz de transporte que adotaríamos a partir de então: o transporte rodoviário.[83]

Desdobramentos sociais e econômicos

Entre acasos e projetos de Brasil almejados e efetivados ao longo dos últimos cem anos, a malha urbana brasileira foi se constituindo de forma desnivelada espacial e temporalmente. Quem transita por

---

82. Anita Kon, "Quatro décadas de planejamento econômico no Brasil". *Revista de Administração de Empresas*, São Paulo, v. 4, n. 3, maio-jun. 1994.
83. Boris Fausto (Dir.), *História geral da civilização brasileira: o Brasil republicano – Economia e cultura (1930-1964)*. Rio de Janeiro: Bertrand Brasil, 2007. Tomo III, v. 11, pp. 99-104.

cidades como Rio de Janeiro, Belém, São Paulo, Olinda e Salvador se depara com construções arquitetônicas improvisadas, atuais e outras que remetem aos séculos XVII, XVIII e XIX: representações de diferentes temporalidades que ocupam o mesmo espaço. Outra característica das cidades brasileiras é o crescimento horizontal contínuo a partir da década de 1950, momento em que ocorreram significativas conurbações de cidades, formando as megalópoles; exemplos disso são as regiões conhecidas como Grande São Paulo (os limites da cidade de São Paulo se confundem com os das cidades de Guarulhos, São Bernardo do Campo, Osasco, Barueri e Diadema, por exemplo), Brasília (com cidades-satélites como Sobradinho, Ceilândia, Planaltina etc.) e Rio de Janeiro (Itaguaí, Maricá, Rio Bonito, Guanabara etc). Atualmente já podemos falar em uma macrometrópole do hemisfério sul (união de megalópoles) no caso da vasta região conectada formada por 232 municípios de três estados diferentes: São Paulo, Rio de Janeiro e Minas Gerais.

Durante o processo de crescimento das metrópoles brasileiras, as pessoas mais pobres ou migrantes de outras regiões brasileiras que chegaram tardiamente ao processo de ocupação do espaço urbano viram-se obrigadas a residir em regiões cada vez mais periféricas em relação ao centro urbano. Foi na mesma época que se deu o crescimento desmesurado das favelas em regiões metropolitanas como as de São Paulo, Rio de Janeiro e Brasília. Como resposta ao crescimento desorganizado das comunidades, as políticas adotadas pelo poder público primeiramente foram caracterizadas pela repressão e pela expulsão em massa, com base na concepção de "desfavelamento" das cidades. Atualmente, no entanto, as comunidades vêm sendo reconhecidas, legitimadas e finalmente incorporadas ao processo de replanejamento urbano dos municípios brasileiros.[84]

Esse processo se deu principalmente porque, desde o período colonial, as capitais brasileiras tiveram a economia centralizada em dada região, o que acabou deixando os habitantes de regiões periféricas ou de municípios menores cada vez mais distantes do fluxo econômico do país e, logo, das oportunidades de emprego e do acesso a serviços essenciais, como educação e saúde. Somente após o boom migratório para as metrópoles nas décadas de 1950 e 1960 é que houve um estímulo das políticas federais para a desconcentração do investimento e da produção industrial para cidades de menor porte e para o desenvolvimento de diversos centros regionais em uma única metrópole.

Hoje, o desafio maior é a plena integração dos transportes urbanos e intermunicipais, um grande passo na luta contra as desigualdades sociais. A descentralização das metrópoles foi uma mudança significativa de favorecimento às pessoas que moram nas periferias, mas precisamos de outras políticas inclusivas que explorem melhor a ocupação e a diversificação desses centros regionais. A estrutura dos transportes tem sido, talvez, a mais onerada e desafiadora, pois tem o potencial de impactar direta e rapidamente a pobreza.

Mobilidade e moradia

Entre as últimas décadas do século XIX e as primeiras do século seguinte, o país recebeu um número significativo de imigrantes de nacionalidades italiana, alemã, polonesa, japonesa, chinesa e croata. Tal

---

84. Lucio Cardoso, Rosana Denaldi (Orgs.). *Urbanização de favelas no Brasil: um balanço preliminar do PAC*. Rio de Janeiro: Letra Capital, 2018.

fenômeno causou uma intensa mobilidade inter-regional da então mão de obra livre, bem como da mão de obra dos escravos emancipados. O fluxo migratório internacional e regional no nosso país foi o mais alto registrado em toda a nossa história contemporânea, neste quadro de imigração planejada e subsidiada pelo governo brasileiro, em contraste com o abandono das pessoas emancipadas por um regime institucional de séculos, que foi a escravidão.[85]

Como resultado do fluxo migratório, os anos finais do Oitocentos e os anos iniciais do século seguinte (1889-1930) foram marcados pelo crescimento e o espalhamento populacional em virtude da economia cafeeira e do fim do regime escravista, alterando significativamente a dinâmica da ocupação do solo e dos espaços urbanos. Além disso, a parcela da população que antes vivia sob o regime de trabalho escravo (mais de 15% da população de 10 milhões em 1888), ao se tornar livre (1889-1890), não foi incluída no processo do novo regime capitalista assalariado de trabalho e de ocupação das terras, sendo empurrada cada vez mais para as regiões periféricas das metrópoles, longe, portanto, do centro produtivo.[86]

---

85. Elza Berquó assinala que o país assistiu à entrada de cerca de 4 milhões de migrantes estrangeiros, que vieram em substituição à mão de obra escrava. Foram para áreas de economia de subsistência, como a produção de borracha da Amazônia e os polos cafeeiros do sudeste. Ver: Elza Berquó, "Evolução demográfica". In: Ignacy Sachs; Jorge Wilheim; Paulo Sérgio Pinheiro (Orgs.), *Brasil, um século de transformações*. São Paulo: Companhia das Letras, 2001, p. 23.
86. O historiador Manolo Florentino demonstra, com um acurado estudo, que o problema da destinação dessas pessoas então livres foi maior no Rio de Janeiro, por este ter sido o lugar onde mais chegaram africanos por meio do tráfico atlântico nos anos finais do século XIX. Daí o Sudeste ter se convertido em um dos mais importantes espaços de acumulação de riquezas, pois as maiores operações de importação e exportação da época ocorriam no Rio de Janeiro, em virtude do tráfico atlântico. Ver: Manolo Florentino, *Em costas negras: uma história do tráfico de escravos entre a África e o Rio de Janeiro (séculos XVIII e XIX)*. São Paulo: Editora Unesp, 2014, pp. 198-200.

Pouco tempo depois, outros processos decorrentes da rápida e crescente industrialização, das crises econômicas, das guerras mundiais e das oscilações migratórias afetaram significativamente a organização e a ocupação do espaço nacional. As crises mundiais deflagradas em 1929 e 1939, respectivamente, degeneraram a economia das regiões cafeicultoras, ao passo que a entrada de imigrantes no país decaiu em relação à movimentação populacional das áreas rurais no sentido dos centros urbanos. Esse processo do campo para os grandes centros se deu justamente pelo fenômeno simultâneo da crise do café nas fazendas e do rápido desenvolvimentismo industrial que ocorreu a partir da década de 1930.

Já o movimento contrário, isto é, o êxodo do urbano para o rural, ou do rural para o rural (no caso do Centro-Oeste), só voltaria a acontecer com relevância a ponto de afetar a dinâmica espacial do país a partir do ano de 1956. A implementação do plano desenvolvimentista do presidente da época, Juscelino Kubitschek, incentivou a expansão econômica para o oeste agrário do país, local onde foi fundado o novo Distrito Federal, com capital em Brasília. Durante esse processo de redirecionamento econômico e político para o oeste, pela primeira vez, o governo passou a pensar com mais seriedade a questão da mobilidade nacional.[87]

Entretanto, grandes centros urbanos já vinham sofrendo significativas transformações na estrutura produtiva, como a ampliação do

---

87. Vale destacar que, no período da colonização do Brasil por Portugal, cidades como Salvador e Olinda (centros velhos), por exemplo, foram urbanamente planejadas visando atender às necessidades da época: delimitação e proteção de fronteiras, acesso facilitado aos recursos naturais, relevância dos portos marítimos etc. Com o tempo, no entanto, o crescimento das cidades e o aumento da população urbana superaram o urbanismo da época colonial. Ver: Paulo Ferreira Santos, *Formação de cidades no Brasil colonial*. Rio de Janeiro: Editora UFRJ, 2001.

parque industrial e a criação de novos empregos, fazendo com que as migrações se direcionassem predominantemente a este meio[88] em detrimento das fronteiras agrícolas. Na metade do século XX, se assistiu com maior veemência à formação das cidades conurbadas, ao crescimento das periferias e das favelas e à criação de estruturas de mobilidade improvisadas. Por isso, o planejamento urbano moderno que almejou JK – com exceção de algumas cidades relativamente recentes, como Brasília, Aracaju, Belo Horizonte e Goiânia – só se efetivou em casos isolados.

Como realçamos ao longo dos capítulos anteriores, nos dias atuais a mobilidade é entendida como um direito essencial ao livre desenvolvimento humano. A cidade sempre foi o espaço constituído historicamente onde o homem realiza as atividades necessárias à sua reprodução econômica e social. Em contrapartida, muitas vezes a acessibilidade ao espaço é desigual entre as pessoas pelas mais diversas razões; seja pela forma como se dá a distribuição física da oferta de serviços básicos ou por fatores que limitam a locomoção do indivíduo (por exemplo, limitações físicas humanas, como deficiências locomotivas). O transporte surgiu então como um intermediário e um facilitador das atividades do homem no espaço, encurtando o seu tempo gasto nos trajetos e no acesso aos serviços de que necessita para o seu desenvolvimento.[89]

Não obstante, o transporte pode ser também um limitador da mobilidade humana, uma vez que a acessibilidade pode ser dificultada por outros motivos: os valores das tarifas cobradas, a não circulação de linhas de transportes em certas regiões, limitações físicas dos usuários, entre outros.

---

88. Jorge Wilhelm; Paulo Sérgio Pinheiro (Orgs.). *Brasil, um século de transformações*. São Paulo: Companhia das Letras, 2001.
89. Licinio da Silva Portugal (Org.). *Transporte, mobilidade e desenvolvimento urbano*. Rio de Janeiro: Grupo Editorial Nacional, 2017, pp. 30-32.

Tendo em vista esses fatores que podem condicionar a mobilidade do indivíduo no espaço urbano, a questão do pleno e igual acesso de todos a um sistema integrado de transportes tem sido uma pauta bastante retomada nos últimos anos por associações civis, partidos políticos e empresas do ramo. Dessa forma, a acessibilidade depende, de um lado, da melhor redistribuição dos recursos financeiros do Estado, da oferta de serviços públicos e do atendimento às áreas que não são alcançadas pelo interesse privado e, do outro, também da iniciativa privada no que tange à oferta de equipamentos e às melhorias nos serviços oferecidos, que, por sua vez, estão condicionadas pela rentabilidade dos seus investimentos.

O grau de acesso às oportunidades de emprego e aos serviços básicos, bem como à redistribuição de renda, depende dessa otimização da mobilidade urbana. Para isso, faz-se necessária uma distribuição conjunta e ordenada, isto é, física, econômica e social do espaço e da integração entre as áreas urbanas, regionais e nacionais. O desenvolvimento das estruturas de transporte que garantem a mobilidade é de interesse não somente individual, mas principalmente coletivo e nacional, uma vez que incentiva o crescimento econômico e a consequente modernização do país.

A estrutura de transporte está estritamente ligada às condições de moradia dos habitantes. O transporte público acontece em decorrência da habitação e, por essa razão, mobilidade e moradia devem ser projetos combinados quando se pensa em acessibilidade. Historicamente, a política habitacional tem reforçado a exclusão social e a segregação dos mais pobres ao destinar-lhes habitação nas periferias ou em áreas isoladas. A política de habitação que tem sido adotada nos últimos anos torna precária a oferta de transporte público urbano, uma vez que maiores recursos devem ser mobilizados quando é necessário alcançar áreas mais distantes e desconectadas dos centros econômicos e produtivos.

Além disso, municípios carentes de recursos sofrem com o processo de valorização de determinadas áreas da cidade, encarecendo, de um lado, a oferta de imóveis e, do outro, provocando um adensamento de pequenas áreas, excluindo cada vez mais a população de baixa renda e criando áreas de marginalidade urbana.

Algumas medidas isoladas visando contornar os déficits sociais têm sido adotadas desde a metade do século passado. Na década de 1960, com o fim dos bondes e a chegada do metrô, pela primeira vez se pensou conjuntamente (entidades, governo e associações) no desenvolvimento dos transportes urbanos e na melhoria da mobilidade urbana nas grandes cidades e capitais brasileiras. Em 1970, foi criada a lei federal da Região Metropolitana de São Paulo, além de outras oito regiões brasileiras, tendo em vista assegurar juridicamente o planejamento e a organização espacial dos serviços e das cidades que tinham os maiores aglomerados urbanos do Brasil.[90] Na mesma época, foi desenvolvido em São Paulo o Plano Integrado de Transportes (PIT) pela Secretaria Municipal de Transportes (SMT), a Companhia Municipal de Transporte Coletivo (CMTC), ainda em funcionamento, o Departamento do Sistema Viário (DSV) e a Companhia do Metropolitano de São Paulo (Metrô).

Mas a habitação é ainda o grande desafio das operadoras do transporte público coletivo e das políticas de mobilidade urbana. O Programa Minha Casa Minha Vida (PMCMV), voltado para a aquisição de casa própria pelas famílias de baixa renda, foi lançado em 2009

---

90. Prefeitura de São Paulo, *São Paulo Interligado: o plano de transporte público urbano implantado na gestão 2001-2004*. São Paulo, 2004.

pelo governo do ex-presidente Luiz Inácio Lula da Silva (PT), como uma tentativa de resolver os problemas relacionados à moradia da população em situação de risco (invasões de terra em morros nas regiões periféricas de cidades brasileiras). Entretanto, com o passar dos anos, foram constatados diversos problemas estruturais nas habitações, além daqueles decorrentes da localização distante delas em relação aos centros urbanos.

A escassa oferta de transporte público em certas áreas das cidades brasileiras tem colaborado para adensar a desigualdade de renda no país. Em primeiro lugar porque o local de moradia tem sido um fator de discriminação pelos empregadores que estão contratando. Além do custo alto de contratação pelo empregador, longos deslocamentos implicam jornadas extremas de trabalho, incidindo direta e negativamente no rendimento do trabalhador.

Em segundo lugar e mais grave ainda é o fato de que as pessoas que moram em lugares distantes do local de trabalho são as que mais retiram do seu orçamento os gastos com transporte público, aprofundando a esfera da desigualdade econômica e da pobreza. Ademais, longas jornadas de trabalho e baixa renda comprometem a saúde, o tempo de lazer com a família e o rendimento da pessoa no local de trabalho.[91] Esse ciclo vicioso de décadas da realidade brasileira encrava o desenvolvimento econômico e social do país como um todo.

Diante desse cenário, uma das medidas tomadas, talvez a mais eficaz, foi a integração intermodal dos transportes públicos. No início da década de 1990, surgiu esse tipo, até então inédito, de mobilização

---

91. Marcio Pochmann; Marcos Paulo de Oliveira, *Impactos do bilhete único na vida do trabalhador: a visão do usuário paulistano*. São Paulo: Datasol, Instituto de Estudos e Pesquisas para o Desenvolvimento com Inclusão Social, 2005.

urbana: a integração intermodal proposta pelo Plano Integrado de Transportes Urbanos (Pitu).[92] A partir da mobilização de instituições, foi projetada até o ano de 2020 a construção de uma rede interligada de 284 quilômetros de metrô, duas linhas de trem ligando os aeroportos (a do aeroporto de Cumbica, em Guarulhos, por exemplo, já está em operação) e 270 quilômetros de trem metropolitano interligado. O projeto previa um investimento de 30 bilhões de reais ao longo de vinte anos, dos quais 80% seriam destinados ao transporte sobre trilhos. Pensando na evasão habitacional deixada pelas políticas públicas e nos atuais desafios das metrópoles, o sistema integrado de transportes em São Paulo tem incentivado cada vez mais políticas voltadas para a integração intermodal – uma delas foi a implantação da bilhetagem eletrônica, em 2004. No ano de 2015, foi lançado um relatório pelo Governo de São Paulo estendendo o projeto Pitu até pelo menos o ano de 2025.[93]

O sistema integrado de transportes urbanos tem evoluído sobretudo com os sistemas inteligentes de transporte. O desenvolvimento da tecnologia da informação, de programas e de linguagens computacionais (exemplo efetivo é a bilhetagem eletrônica) no âmbito do sistema de transportes tem sido fundamental para o desenvolvimento de projetos que envolvem a integração, o acesso social e a mobilidade urbana.[94] Muitos ainda são os desafios a serem enfrentados. Veremos adiante

---

92. Claudio de Senna Frederico, "Do planejamento tradicional de transporte ao moderno plano integrado de transportes urbanos". *Revista São Paulo em Perspectiva*, São Paulo, v. 15, n. 1, jan./mar. 2001.
93. Governo do Estado de São Paulo, *Plano Integrado dos Transportes Urbanos: RMC 2015*. São Paulo, 2006. Disponível em: http://www.stm.sp.gov.br/PITU/Pitu2015/pitu_2015_1.pdf. Acesso em: 15 out. 2020.
94. Luiz Carlos Mantovani Néspoli (Coord.). *Mobilidade humana para um Brasil urbano*. São Paulo: Associação Nacional de Transportes Públicos (ANTP), 2017.

com mais especificidade os desafios gerenciais enfrentados pelo setor e como eles afetam diretamente o cotidiano do usuário do transporte público urbano.

A integração e o acesso ao transporte público

Atualmente, no Brasil, o transporte coletivo urbano viário é constituído pelas modalidades ônibus, trem, metrô e micro-ônibus, em que cada uma se encontra condicionada a operações e legislações específicas. Podem, assim, ser operadas por empresas públicas, privadas ou de capital misto, que prestam serviços por meio de operadores de linhas – interligadas ou não –, itinerários e terminais.

Entre as distribuições modais de caráter coletivo-público urbano, existem:

- *Ônibus e micro-ônibus:* veículos de vagão único (a princípio) que circulam em faixas exclusivas dentro de cidades e municípios ou entre cidades (intermunicipal).
- *Trem*: veículos em trilhos com quantidade variada de vagões, operados principalmente para o transporte intermunicipal.
- *Metrô*: veículo comprido sob trilhos com alta qualidade de vagões (assim como os trens) atuante dentro de um município, por meio de uma infraestrutura subterrânea.

Com a expansão do carro e o crescimento exponencial das cidades no início do século XX, o espaço para a circulação do transporte coletivo diminuiu, evidenciando assim a prioridade que teve o carro desde sempre. Agravado com a nacionalização da indústria em 1930 e o desenvolvimentismo dos anos 1950, o período "rodoviarista" do Brasil (produção nacional de veículos) reforçou o lugar do transporte coletivo como secundarista, que desde então tem sobrevivido por meio de recursos escassos e descontínuos. Nisso consiste o primeiro grande desafio para o transporte coletivo urbano no Brasil.

O caráter complementar e não prioritário do transporte coletivo incentivou a precarização do serviço, já que os recursos destinados se tornam insuficientes. Isso acaba alimentando um ciclo vicioso no qual a má qualidade do transporte público reforça a priorização do automóvel particular. Para complicar a situação, o lento desenvolvimento dos sistemas de metrô no Brasil em relação a outros países tem resultado na pouca expansão e ligação de trajetos e na pouca conexão com outros modais, contribuindo mais ainda para os congestionamentos viários e a preferência pelo carro.

Embora esse cenário evidencie, desde sempre, uma escolha por determinado tipo de locomoção – o automóvel particular –, o ônibus e seus correlatos (vans, micro-ônibus) são o tipo de transporte coletivo que oferece maior cobertura espacial nas cidades brasileiras, sendo responsável por pelo menos 86% das viagens municipais. São Paulo é uma das raras metrópoles do mundo que tem o transporte coletivo baseado nos ônibus.[95]

Os desafios que enfrentamos hoje como usuários do transporte coletivo são, em suma, o mal aproveitamento dos trens metropolitanos, a lenta expansão da infraestrutura metroviária e a sobrecarga e a precarização do transporte coletivo sobre rodas. Tais problemas demonstram o isolamento desses serviços quando, na realidade, eles

---

95. Prefeitura de São Paulo, op. cit., p. 29.

deveriam estar conectados. Além disso, esses obstáculos dificultam a integração entre modais, concebendo um caráter competitivo entre os transportes, quando poderiam ser complementares. Outras consequências dessas descontinuidades são o comprometimento da mobilidade como pressuposto necessário ao desenvolvimento econômico e social das cidades, gerando tarifas desagregadoras, serviços oferecidos de forma desconectada e, por fim, a deterioração dos transportes coletivos, o que os torna incapazes de competir com o automóvel.

Políticas tarifárias e operacionais

A tarifa, em geral, representa a maior fatia das receitas do transporte. Uma vez que é formulada e estabelecida por autoridade governamental, a tarifa está associada a políticas públicas que abrangem questões socioeconômicas e ambientais. O usuário do transporte público paga um valor para a utilização do serviço, que pode ser fixo ou variável, dependendo da modalidade dos transportes e da quantidade de viagens que precisa realizar. O valor fixo é predeterminado, cobrado nos limites de uma região, município ou cidade e único para todos os usuários, sem discriminação quanto ao destino destes. A tarifa variável, por sua vez, essencialmente se altera conforme o destino do passageiro, aumentando o valor a ser pago conforme a distância a ser percorrida ou o tempo de utilização do serviço (temporal).

Em sua formulação para a definição da política tarifária, o governo leva em consideração alguns aspectos que são norteados e explicitados por pontos como os *objetivos* de aplicação da tarifa, a *estrutura tarifária* (métodos de cobrança, níveis de preço, modalidades de pagamento) e as *tecnologias de cobrança* (bilhetagem eletrônica, equipamentos utilizados, procedimentos). Se, porventura, surgem novas tecnologias, estas podem afetar toda a política tarifária vigente.

Os objetivos têm fins financeiros e econômicos que vão no sentido principalmente de cobrir os custos do serviço, mas levam em consideração fatores como inclusão das classes menos favorecidas, otimização dos serviços, diminuição de fraudes, preocupação ambiental e urbanística etc. Há também os subsídios e gratuidades, ambos considerados na receita total. O subsídio é um valor destinado pelo governo ao usuário como forma de não descarregar os custos dos serviços apenas entre aqueles que utilizam o transporte público. Além disso, o subsídio é uma forma de fazer com que beneficiários indiretos do serviço – por exemplo, comerciantes que têm seus consumidores transportados até a sua loja ou os próprios funcionários que utilizam o transporte público para chegar ao comércio e proprietários que têm os seus imóveis valorizados por estes se localizarem em regiões próximas a estações de metrô ou pontos de ônibus – também participem do financiamento dos custos dos serviços, por meio de impostos gerais.

Em síntese, subsídios para o transporte urbano objetivam o aumento da utilização do serviço, a redução de externalidades (como emissão de gases e congestionamento) e a redução do preço da tarifa, para torná-la mais acessível principalmente aos usuários de baixa renda. Como exemplo, podemos citar as características do transporte na região do município de São Paulo, onde os subsídios se manifestam em quatro situações:

- *Gratuidades*: isenções da tarifa para determinados usuários. Entre eles: funcionários públicos, militares, idosos e deficientes físicos. O governo é responsável por prover o custo desses usuários para as prestadoras do serviço.

- *Compensações tarifárias*: direitos para o cidadão, por meio dos quais o serviço de transporte deve ser provido para todas as áreas e regiões, até mesmo aquelas que não geram recursos suficientes às prestadoras. O recurso é então destinado às operadoras e engloba toda a diferença entre o que é arrecadado via tarifa cobrada do usuário e o custo do sistema de transporte sobre pneus.
- *Benefícios*: forma de promover maior acessibilidade ao passageiro e maior extensão sobre sua demanda por serviços, os benefícios são providos aos passageiros para diminuir o peso do transporte na renda familiar. A cidade promove a possibilidade de adquirir o direito de mais viagens pelo preço de uma tarifa única, em um limite de tempo a partir da primeira viagem. O governo assegura o suprimento das operadoras pelos usuários, diariamente.
- *Isenção de impostos*: em dadas ocasiões, certos subsídios não são direcionados como uma remuneração direta às operadoras, e sim gerados como um desconto. Benefícios e isenções fiscais são uma forma comum de compensar a exaustão dos recursos das prestadoras por meio da redução de suas obrigações tributárias.

Tendo em vista as condições financeiras e econômicas envolvidas na operação do serviço do transporte público, a estrutura tarifária se refere aos métodos escolhidos para a definição da tarifa, baseados principalmente em cálculos que abrangem os quilômetros percorridos por usuário, os custos totais da operação, o custo dos insumos (pessoal, combustível, mecânica, maquinário) e as quantidades médias consumidas (por dia, mês, ano). Refere-se, igualmente, aos procedimentos de reajuste (variações nos preços dos insumos), à cobrança e às opções de pagamento, como a atribuição de créditos em um único cartão pelos usuários ou a unificação tarifária (integrações intermodais). Nesse ponto se incluem também as gratuidades e os descontos destinados aos idosos e estudantes, por exemplo, embora tal abordagem seja de competência das instituições públicas e entidades civis supracitadas, que devem garantir o direito com as gestoras do transporte público.

Já as tecnologias de cobrança (ligadas às opções de pagamento) se referem aos diferentes métodos adotados ao longo da história do transporte coletivo no Brasil como forma de operacionalização da arrecadação da tarifa e de registro e controle da demanda do transporte.

Hoje, as opções de pagamento se dividem em: bilhete unitário (que dá direito a uma viagem), bilhete múltiplo (integração por tempo, modalidade ou percurso), passe temporal (bilhetes magnéticos ou cartões chipados com crédito para ser utilizado em tempo limitado) e crédito antecipado (cartão carregado que, a cada viagem, tem o seu valor total reduzido). As modalidades podem ser pagas com dinheiro, recarregadas em cartões magnéticos ou chipados, bem como adquiridas em bilhetes de papel (*Edmonson* ou o bilhete único) com o cobrador na utilização imediata do transporte público, em terminais urbanos ou por meio dos canais de atendimento.

Quando se trata de integração tarifária entre linhas, modais ou tempo, podendo ser física ou operacional, esta acaba acompanhando os formatos de cobrança de tarifa vigentes. Na política tarifária atual do ônibus e do metrô em São Paulo, por exemplo, cada operador de modal oferece um desconto no valor da tarifa por embarque quando ocorre a integração entre os transportes.

De modo geral, a atenção das políticas tarifárias voltada aos mecanismos que incentivam a mobilidade, o acesso, a tecnologia e a integração impacta positivamente na geração de empregos, na racionalização dos serviços de transporte, no desenvolvimento social e econômico do município e na manutenção do benefício do Vale-Transporte.

Políticas tarifárias e suas relações com os sistemas de bilhetagem automática

Grande parte dos municípios brasileiros utiliza metodologias tarifárias baseadas na utilização de um conceito mais simplificado, que é a determinação de tarifa única. Essa utilização em larga escala pode ser explicada pela conjugação de dois fatores, a saber: maior conveniência e facilidade nas operações de arrecadação e a utilização de uma controversa política de subsídios cruzados, na qual parte dos usuários acaba por subsidiar o deslocamento de outros.

O sistema de transporte público atende a uma enorme gama de pessoas diariamente, que pertencem a diferentes nichos de mercado, com demandas e anseios totalmente distintos, representando, assim, níveis de utilização dos veículos também muito diferenciados. Todos esses fatores podem causar distorções de entendimento, tornando mais complexo o processo de planejamento e controle das operações de campo.

Assim, se dissecarmos a operação de um transporte regular em qualquer metrópole deste país, é possível identificar certa demanda por viagens mais curtas ou mais longas, por exemplo. Há pessoas que buscam o sistema de transporte público esporadicamente, enquanto outras têm o transporte como fator de mobilidade em sua rotina. Diferentes do primeiro perfil, essas pessoas normalmente utilizam o transporte somente nos horários de pico, por causa do horário de início e término de suas jornadas regulares de trabalho.

Outros vários fatores indicam também a multiplicidade das viagens e a diversidade dos perfis dos viajantes, como a necessidade de uns de conjugar viagens por meio de baldeações ou até mesmo integrações com outros modais para que atinjam o seu destino final. Existem os que pagam de maneira antecipada e outros que fazem os pagamentos no momento das viagens. Há funcionários que usam Vale-Transporte e usuários que compram passes comuns ou estudantis.

Diante disso, podemos concluir que, ao tratar de maneira homogênea públicos e demandas totalmente distintos – o que não é nem recomendável –, são criadas graves distorções nos modelos de tarifação aplicados em transportes. É preciso atentar às demandas do mercado, bem como definir métodos alternativos que proporcionem maior satisfação com relação aos serviços prestados. Nesse sentido, pesquisas de mercado podem auxiliar na definição dos métodos a serem seguidos.

Com a implantação de novas tecnologias de comunicação, processamento e controle aliadas à implantação de sistemas automáticos de bilhetagem, o controle da precificação e a definição das políticas tarifárias a serem seguidas se tornaram mais assertivos.

A partir do final dos anos 1990, vários projetos passaram a ser realizados no sentido de proporcionar a transição dos modelos de bilhetagem até então utilizados para os conceitos aplicados de créditos eletrônicos no transporte. A chamada bilhetagem eletrônica, composta por cadeias de software aliadas a validadores acoplados às antigas catracas, conferiu dinamismo, segurança e controle às operações, bem como possibilidade de atuação mais diversificada no que tange à política tarifária.

Atualmente, com o maior poder de transmissão e manutenção do tráfego de dados e a maior disponibilidade de recursos atrelados à internet e à implantação de operações em nuvem, a bilhetagem eletrônica desenvolve novos equipamentos e meios de atuação, passando a protagonizar uma nova era, baseada na mineração e no monitoramento ativo de dados, garantindo maior controle e inteligência para o negócio. A partir daí, passamos para a fase da bilhetagem digital, por meio da qual é possível revolucionar a maneira como as políticas tarifárias passam a ser estabelecidas.

Com a bilhetagem digital, sua operação *on-line* e o controle constante de dados, o argumento relativo à utilização de políticas tarifárias simplificadas perde espaço, fazendo com que a diversificação das políticas de preços possa ser adotada como critério de modelagem financeira no planejamento das operações. Porém, é recomendável que estudos estatísticos mais detalhados e fundamentados em dados operacionais, de mercado e econômicos sejam realizados previamente a qualquer alteração na política de preços. A sensibilidade social às alterações de tarifas públicas de transporte é muito alta e gera grandes repercussões midiáticas. Outro fator a ser lembrado é que, muitas vezes, tais alterações podem causar resultados inversos ao planejado, ocasionando perdas na rentabilidade dos processos devido a grandes variações na demanda.

Por esse ângulo, alguns fatores devem ser pontuados e analisados antes do estabelecimento de políticas tarifárias nas operações. A seguir mencionamos alguns de maior incidência e importância:

- Distância de percursos realizados: em termos de anéis tarifários e deslocamentos reais.
- Dia típico: relativo à utilização em dias úteis, finais de semana, férias e feriados.

- Pagamento: realizado de maneira antecipada, na hora do consumo, ou seja, da viagem, ou posterior (pós-pago).
- Integrações: incidência de viagens integradas ou viagem simples. Modelos temporais, por quantidades de modais ou por percursos.
- Temporadas: dinâmicas referentes aos dias, semanas, meses e anos.
- Hora do dia: períodos de grande fluxo, fora do período de fluxo, horários especiais ou noturnos.
- Quantidade de viagens: bilhetes múltiplos, bilhetes unitários, bilhetes de ida, bilhetes de ida e volta.
- Tipos de serviço: modalidades convencionais, especiais, alimentadoras e troncais.
- Tipos de usuários: trabalhadores, estudantes, com gratuidade, fardados, passageiros comuns, empresas, distribuidores, desempregados, turistas participantes de eventos etc.

Nos últimos anos, entidades públicas, privadas e civis buscaram a articulação entre as esferas dos governos municipal e metropolitano na gestão dos transportes. Medidas que reforçam a integralização modal e sistêmica, como as políticas tarifárias, têm sido adotadas com o objetivo de tornar eficiente a capacidade dos serviços de transporte público. No tópico a seguir, trataremos com mais detalhes do caráter dessas entidades que são tão importantes para o desenvolvimento da mobilidade urbana e do sistema de transporte coletivo como um todo das cidades brasileiras.

Entidades públicas, entidades privadas e associações civis

Do século XIX até meados do século XX, o transporte público de bondes, ônibus e trens havia sido operado por empresas do segmento privado de capitais majoritariamente externos, sob o regime de concessões governamentais, facilitado a homens que já possuíam alguma relação com o poder público. Nesses moldes, foram fundadas, em São Paulo e no Rio de Janeiro, a The São Paulo Railway Light and Power Company (1867), a Companhia de Carris de Ferro de São Paulo (1886), a Light (1899) e a nacional Companhia Viação Paulista (1899); em Porto Alegre, a Companhia Força e Luz Porto-Alegrense (1906) e a Companhia de Carris Urbanos (1906-1908); em Salvador, a Companhia de Veículos Econômicos, dos sócios Monteiro, Carneiro e Azevedo (1866), entre outras. O famoso elevador Lacerda, que opera na cidade de Salvador até hoje, realizando a subida e a descida entre a Cidade Alta e a Baixa, foi instalado por Antônio Francisco Lacerda, o mesmo que fundou a Companhia de Transportes Urbanos na cidade no ano de 1870.[96]

Nesses primeiros anos após a chegada do transporte público coletivo nas capitais brasileiras, as empresas que operavam esse tipo de serviço geralmente ofertavam também (ou principalmente) outros tipos de bens de consumo, como energia elétrica ou água, o que acabava sendo positivo para a infraestrutura dos transportes e a capacidade inovativa. Por meio dessas parcerias, ao longo dos anos foram realizadas a eletrificação dos bondes, a pavimentação de ruas, a extensão de trilhos, a alternância de tipos de combustíveis e os serviços de esgoto e saneamento básico nas cidades. Belo Horizonte, a primeira capital planejada do Brasil, idealizada por Aarão Reis em 1894, logo em 1902 recebeu o sistema de bondes tracionado por energia elétrica.

---

96. Eurico Divon Galhardi, op. cit., pp. 48-49.

Mas, para a evolução dos transportes, os investimentos e o maquinário externos também contribuíram em grande medida. Praticamente toda a frota de bondes e ônibus em solo brasileiro até pelo menos os anos 1940 e 1950 eram de fabricantes estrangeiras, como as bastante utilizadas J. G. Brill, dos Estados Unidos, e os veículos Guy, de fabricação inglesa.[97] Os progressos material e tecnológico que ocorriam na Europa e nos Estados Unidos por causa de suas revoluções industriais e, contraditoriamente, por causa da eclosão de duas grandes guerras, chegavam ao Brasil em primeira mão.

Dadas as circunstâncias em que surgiram os serviços de transporte público no país, as concessionárias acabaram tendo autonomia para definir suas próprias tarifas, seus trajetos e horários, podendo até mesmo não ter horários fixos de circulação de bondes, ônibus e trens. Com o tempo, no entanto, isso gerou conflitos e embargos entre umas e outras, que operavam simultaneamente. Na época, assistiu-se até mesmo a brigas de rua entre funcionários de empresas distintas.[98] Visando minimizar tais conflitos, bem como regular melhor a atuação das concessionárias, dos serviços e das rotas oferecidas, ainda durante o governo imperial foram fundados órgãos ligados ao governo provençal com fins de administrar juridicamente o setor no geral.

Ainda assim, certas companhias foram favorecidas em detrimento de outras, permitindo a formação de monopólios no setor dos transportes.[99] Embora tenha sido acusada de receber privilégios municipais,

---

97. Eurico Divon Galhardi, *Centro de Documentação e Memória*. Brasília: Confederação Nacional do Transporte (CNT), Associação Nacional das Empresas de Transportes Urbanos (NTU), 2019.
98. Ayrton Camargo e Silva, *Tudo é passageiro: expansão urbana, transporte público e o extermínio dos bondes em São Paulo*. São Paulo: Annablume, 2015.
99. Ayrton Camargo e Silva, "O metrô antes do Metrô". *Revista Engenharia*, n. 638, pp. 75-81, 2018.

a Light saiu vencedora entre as concorrentes, conseguindo até mesmo a aquisição das empresas que faliram diante de sua hegemonia. O caso notável da Light em São Paulo e no Rio de Janeiro ilustra bem a relação articulada desde o começo entre o poder público e o privado no que tange à regulamentação e ao funcionamento do transporte público no país.

Havia grande concorrência não somente entre diferentes empresas, mas também entre segmentos, por aquelas que ofertavam mais de uma modalidade de transporte. Um caso notável foi o desaparecimento das companhias prestadoras de serviços de bondes devido à chegada dos ônibus urbanos e das empresas que tinham em sua frota ônibus e bondes. Esse fenômeno contribuiu também para a expansão do sistema rodoviário em todo o país. Na virada dos anos 1920 para os anos 1930, a frota de bondes elétricos era superior à de ônibus nas grandes capitais brasileiras, mas, por causa da instabilidade dos sistemas de geração de energia elétrica, os ônibus acabaram ocupando definitivamente o mercado antes suprido pelos bondes elétricos. Empresas outrora inexpressivas ou inexistentes começaram a fundir com as decadentes e menores e a ocupar lugares hegemônicos no mercado, como a Auto-Ônibus Jabaquara (1932), a futura Viação Cometa, a Empresa de Ônibus Alto da Mooca Ltda. (1936) e a Auto-Ônibus Luz-Ipiranga, na cidade de São Paulo, por exemplo.

Alvo de críticas pela imprensa e pela população civil por causa dos monopólios que se formavam, o regime de concessão sofreu prorrogações e interrupções no início do século XX. Assim, numa tentativa de amenizar os embates, em 1939 foi criada a primeira entidade voltada especificamente para o regulamento do serviço de transportes, a Comissão de Estudos de Transportes Coletivos do Município de São Paulo (CETS). Tais esforços do município na fiscalização e na regulamentação dos transportes em São Paulo acabaram dando origem à então primeira empresa totalmente pública a oferecer o serviço de transporte coletivo. Em 1947 nasceu a Companhia Municipal de Transportes Coletivos (CMTC).

Em pouco tempo, a CMTC assumiu toda a frota da empresa Light, na época já em decadência. A companhia público-municipal iniciou os serviços com incríveis noventa linhas de ônibus, abandonando de vez os ônibus elétricos, e chegou a operar pelo menos 90% dos ônibus da cidade. Embora tenha se tornado referência mundial, a CMTC acabou se tornando onerosa para os cofres públicos. A empresa chegou a ser em parte privatizada, mas deixou de operar definitivamente a frota em 1995.

Outra grande razão pela qual a concessionária pública começou a perder preeminência foi ter cedido espaço à iniciativa privada nos anos 1960. Após um intervalo de pelo menos quarenta anos, as empresas privadas retornavam, mas dessa vez em um contexto distinto daquele do século XIX e do início do XX. Na mesma época, a indústria automotiva nacional se consolidava e as pequenas e médias empresas puderam se desenvolver, se modernizar em solo nacional e, com isso, concorrer com a gigante municipal. Vale a pena ressaltar aqui algumas das empresas privadas e nacionais que surgiram nessa época: Grassi e Caio S/A (1904-1911), Marcopolo S/A (1949), Ciferal (1955), Busscar (1946), Mercedes-Benz do Brasil (1950), Volkswagen Caminhões (1981) e Neobus (1991).

A partir do esfacelamento da gigante CMTC (em 1961 a empresa respondia por apenas 8% das viagens na capital paulista), mas também do renome que ela alcançou, no ano de 1995 foi criada a remanescente São Paulo Transportes (SPTrans). Formada a partir da estrutura patrimonial e de pessoal da CMTC, porém com funções distintas, a SPTrans passou a atuar como braço operacional do poder relativo a atividades de planejamento, fiscalização e gestão financeira do sistema de transporte.

A empresa paulista também expandiu sua frota de ônibus e as linhas em operação, inovou em termos de gestão e travou uma relação diferente com as empresas privadas. A empresa controlada pelo município de São Paulo acabou assumindo o planejamento, a regulamentação e a fiscalização de todas as linhas, as frotas, os tipos de transportes (coletivo urbano, mas também o táxi, o transporte de cargas e de moto), bem como a contratação (licitação), a arrecadação e a remuneração das empresas concessionárias operadoras de ônibus urbano em toda a capital paulista.

Em uma trajetória semelhante de fusão de empresas privadas ao longo do século XX, as empresas ferroviárias – em funcionamento desde 1867 – federais foram se unificando e formaram, em 1971, uma única companhia, a Ferrovia Paulista S/A (Fepasa). Entre 1992 e 1996, a empresa se tornou a hoje em operação Companhia Paulista de Trens Metropolitanos (CPTM), que assumiu a antiga Fepasa e continuou sendo controlada pelo estado de São Paulo em uma economia mista. A Fepasa respondia também por ligações de transporte urbano de média distância entre regiões, mas, após a fusão, a presença do transporte ferroviário no estado de São Paulo foi reduzida, o que contribuiu para a expansão do rodoviarismo.

Apesar de ensaiado desde o final do século XIX, o metrô foi o mais tardio dos transportes públicos a entrar em atividade no Brasil. Ao contrário do que parecia indicar, o veículo subterrâneo não chegou como competidor dos transportes coletivos urbanos em atividade, mas logo se tornou estruturador (eixo) de outros modais, como o ônibus e o trem.

A primeira companhia a operar o serviço de transporte metropolitano subterrâneo foi o Metropolitano de São Paulo (Metrô), que, mesmo sem a definição de um nome[100] – como destaca um dos pioneiros do projeto, o engenheiro Peter Alouche –, iniciou as suas atividades no ano de 1968 e continua em atividade hoje.[101] As memórias narradas por quem participou da inauguração da primeira linha da cidade de São Paulo e da América Latina demonstram a euforia nos primeiros anos da década de 1970 em torno desse transporte até então desconhecido no Brasil, e a "epopeia tecnológica" que foi colocá-lo para funcionar em uma cidade tão complexa quanto São Paulo.

No dia 6 de setembro de 1972, o trânsito parou, os comerciantes fecharam as suas portas e as pessoas se aglomeraram para ver o transporte do primeiro carro que fez o percurso saindo do Pátio Jabaquara à Estação Jabaquara, um modesto trajeto de quatrocentos metros realizado em dois minutos. Do lado de fora do trem, o presidente da República da época, o general Emílio Garrastazu Médici, acompanhava a agitação, e dentro do vagão iam os primeiros usuários do metrô: cerca de dez pessoas, entre funcionários, passageiros comuns e fornecedores.[102]

A partir de então, a matriz do transporte público no Estado de São Paulo se organizou do seguinte modo: metrô estruturante[103] e ônibus

---

100. O engenheiro egípcio naturalizado brasileiro Peter Alouche destaca que, na época (nos idos de 1960), houve uma discussão para decidir o nome que se daria ao transporte recém-chegado em São Paulo. Foi escolhido "metrô" com acento circunflexo para não confundir o nome com a medida de comprimento nem com os portugueses, que chamam o seu sistema de trilhos de "metro". Ver: Peter Ludwig Alouche, "Metrô: definindo os termos". *Revista Engenharia*, n. 607, pp. 103-110, 2011.
101. Peter Ludwig Alouche; Elaine Doro Labate, "Metrô de São Paulo: uma referência contínua, em nível internacional". *Revista Engenharia*, n. 638, pp. 111-114, 2018.
102. Carlos Acir Chassot, "Como preparamos a população de São Paulo para a chegada do metrô". *Revista Engenharia*, n. 626, pp. 90-94, 2015.
103. Elaine Doro Labate, "A demanda do Metrô de São Paulo: sua história". *Revista Engenharia*, n. 626, pp. 150-152, 2015.

alimentador. Contudo, hoje a matriz dos transportes brasileiros ainda é extremamente desequilibrada: mais de 60% acontece por rodovias (entre carros e ônibus). Devido às grandes extensões territoriais do nosso país, qualquer projeto de otimização da matriz dos transportes se baseia na ideia de intermodalidade (integração de tipos diferentes de transporte), para carga tanto de pessoas como de mercadorias. Mas a intermodalidade exige altos custos de investimento em infraestrutura, dos quais o Estado sozinho não pode dar conta, e, por isso, desde sempre, o setor dos transportes funciona por meio de concessões e permissões (regulações estatais).

Para facilitar a compreensão, retomaremos o exemplo do município de São Paulo. A Secretaria Municipal de Transportes de São Paulo concede, por fundamento de direito público, a delegação e o direito de exploração do serviço de transporte coletivo urbano para entidades jurídicas, por meio da São Paulo Transportes (SPTrans). A SPTrans é responsável pelo planejamento, pelo gerenciamento e pela fiscalização de todo o sistema de transporte coletivo na cidade de São Paulo e atua diretamente com outras entidades ligadas à mobilidade em São Paulo (trânsito, habitação, obras e planejamento urbano).[104]

Entre 2001 e 2019, a delegação do serviço público era caracterizada por duas formas de vínculo contratual: pelos regimes de concessão e de permissão. No primeiro, o direito de prestar e explorar o serviço de transporte coletivo público deve ocorrer nos limites do município, ser concedido a uma empresa singular ou a um consórcio de empresas, além de habilitar a prestação sob ambas as categorias de subsistema de transporte (estrutural e local). A concessão é definida por um processo

---

104. SPTrans, *Relatório da Administração – 2018*. Disponível em: http://www.sptrans.com.br/media/1537/relatorio_de_administracao_2018.pdf. Acesso em: 7 fev. 2020.

de licitação, de forma que o poder público seja responsável pela seleção das melhores alternativas para conceder o direito, considerando os termos do § 1º do artigo 128 da Lei Orgânica do Município.

Já o regime de permissão estipula a prestação do serviço, apenas nos limites do subsistema local do município, outorgada por um título precário à pessoa física ou jurídica. A permissão, nessas condições, pode ser desfeita a qualquer momento sem o pagamento de uma indenização à parte permitida – ao contrário da concessão, em que o fim do contrato de concessão e a finalização do vínculo com o poder público exige uma indenização.

A partir de 2019, os subsistemas foram divididos nas seguintes funções: Estrutural, Articulação Regional e Distribuição. O regime de concessão também sofreu uma alteração com a licitação recente: a partir de 2019, todos os serviços prestados – independentemente da sua natureza – entraram no regime de concessão, com duração de quinze anos.

Concessionárias são condicionadas a investimentos em bens reversíveis, considerando uma estrutura de grande porte a ser adquirida (frota, garagem, pessoal etc.), enquanto permissionárias atuam em portes significativamente menores, como parte de um sistema complementar de transporte público.

As licitações são, portanto, cedidas tanto pelo governo do estado como pela prefeitura, por meio da Secretaria Municipal de Transportes. Dentro dos requisitos da lei federal quanto à licitação, parâmetros técnicos são inseridos, como cláusulas de cumprimento, referentes ao setor de transporte coletivo e ao objetivo da licitação. Entre outros fatores, considera-se a aptidão moral e ética quanto ao cumprimento dos deveres da concessionária potencial, situando o foco no transporte com segurança, conforto e eficiência e preservando o bem-estar do passageiro.

O contrato de concessão, embora sujeito a cláusulas e preceitos de direito público, é passível, supletivamente, de princípios da Teoria Geral dos Contratos e sujeito a predisposições de direito privado, de acordo com a Lei Municipal 13.241. O vínculo se apresenta de forma mista, compondo preceitos de direito público e privado. Outro exemplo seria o artigo 16 da mesma lei, que trata da possibilidade de abertura acionária da empresa operadora, divisão patrimonial, fusões ou cisões, contanto que aprovadas por anuência do poder público e sujeitas ao risco de caducidade da concessão.

Em síntese, hoje, os órgãos executores, gestores e operadores do serviço de transporte urbano em São Paulo são: a Empresa Metropolitana de Transportes Urbanos de São Paulo (EMTU), controlada pelo governo do estado e gerenciadora do transporte intermunicipal por ônibus; e as municipais Companhia Paulista de Trens Metropolitanos (CPTM), operadora de modal (trens) nas instalações de trilhos, e Companhia do Metropolitano de São Paulo (Metrô), operadora do modal subterrâneo.

As modalidades têm seu fluxo de transportes integrado em terminais principais, compostos por mais de uma delas; assim como a integração parcial da arrecadação, a bilhetagem do município de São Paulo (Bilhete Único) e a bilhetagem do intermunicipal (BOM). Esse sistema, gerenciado pela SPTrans, reúne a arrecadação dos três órgãos e depois reparte a distribuição dos recursos entre cada empresa.

Na esteira dessas transformações, as entidades e associações civis interessadas nos tópicos do transporte também se modernizavam. Em 1977, foi fundada a Associação Nacional de Transporte Público

(ANTP), entidade civil sem fins lucrativos e engajada no conhecimento e na popularização do transporte público e do trânsito no Brasil. Há mais de trezentos associados à ANTP, entre empresas operadoras públicas e privadas, órgãos públicos, gestores de transporte, sindicatos, prestadores de serviço, universidades e consultores. Exatos dez anos depois, foi fundada a Associação Nacional das Empresas de Transporte Urbano (NTU), entidade civil semelhante, mas mais específica, pois tem como objetivo principal representar sindicalmente as operadoras e os seus funcionários dos ônibus urbanos e metropolitanos diante do poder público e da sociedade civil. Essa associação fundada em 1987 tem, por sua vez, propósitos sindicais de representatividade, que, assim, visam fortalecer a mobilidade urbana e o desenvolvimento sustentável do transporte público de passageiros.

A ação social maior da ANTP como entidade civil é o contínuo aprimoramento do setor do transporte público, de forma que possa ser acessível, de qualidade e justo para todos os usuários, colaboradores, empresas e associados no geral. Os resultados de suas atividades, congressos, parcerias e pesquisas são divulgados no site da associação, que conta também com um rico acervo de artigos publicados, documentos, livros técnicos e eventos sobre o transporte, o trânsito e a mobilidade. Em suma, as grandes bandeiras das entidades civis são focadas em priorizar o transporte público em detrimento do automóvel particular, em reduzir os custos dos encargos para assegurar as gratuidades, no investimento em tecnologia e no fortalecimento do Vale-Transporte.

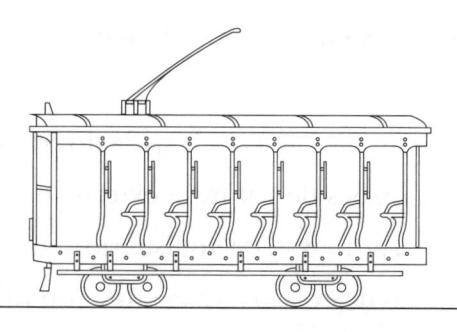

4. O VALE-TRANSPORTE COMO CONQUISTA NACIONAL

Um pequeno pedaço de papel que era entregue em cartelas. Esse papelzinho passava das mãos do empregador às mãos do funcionário, das mãos do funcionário às mãos do cobrador, e pelas mãos do cobrador era colado em folhas de papel e entregue à empresa operadora de transportes. Era assim quando o Vale-Transporte começou a circular pelas cidades brasileiras. Hoje, transformado em cartão magnético em várias cidades, poucos se dão conta de que ele já tem mais de 20 anos.[105]

---

105. Paulo Pacini; Eurico Galhardi; Isabella Neves Verdolin, *Conduzindo o progresso: a história do transporte e os 20 anos da NTU*. São Paulo: Escritos da História, 2007.

A política tarifária e o surgimento do Vale-Transporte

Desde os primeiros anos após a chegada do transporte público no Brasil (1850-1920), razões de natureza externa ou interna alteravam o valor da tarifa. Ao ser repassada ao usuário, à tarifa se somavam as oscilações econômicas da evasão de pagantes e do valor de importação das matérias-primas, bem como os custos operacionais e de tecnologias adotadas por determinada companhia. Assim, a premissa básica era que a tarifa do transporte público era definida e repassada aos usuários de acordo com a flutuação dos custos operacionais (crises de abastecimento, melhorias nos serviços etc.). Com mais frequência no início, no entanto, a dificuldade de estabelecer tarifas fixas por longos períodos era maior, dada a relativa autonomia que tinham as empresas operadoras. Mas essa oscilação não era interessante para ninguém: nem para as empresas, nem para o governo e muito menos para os usuários.

A questão da tarifa e da integração dos transportes foi primeiramente discutida em São Paulo, por volta de 1927, pelo engenheiro de tráfego e urbanista Norman D. Wilson com a Light, principal empresa operadora do serviço de transportes em São Paulo e no Rio de Janeiro na época. Em sua proposta intitulada "Plano Integrado de Transportes", foi pela primeira vez documentada a abordagem de temas como "integração operacional", "equilíbrio financeiro entre as tarifas e os gastos operacionais", "regulamentação", "gestão" e "planejamento dos transportes urbanos".[106]

Era a primeira vez que se falava em rede de transportes públicos e se questionava a política tarifária. A partir desses primeiros debates,

---

106. Ayrton Camargo e Silva, *Tudo é passageiro: expansão urbana, transporte público e o extermínio dos bondes em São Paulo*. São Paulo: Annablume, 2015, p. 85.

algumas normas foram estabelecidas pelo município às concessionárias: reajuste das tarifas a cada seis meses, definição do prazo de concessão das empresas operadoras, determinação para a aquisição de novas máquinas, regulamentação entre os sistemas como forma de proteger o monopólio na operação de determinada rede e, por fim, a criação de uma Comissão de Transporte com representantes da operadora e do poder público para discutir questões relacionadas ao tráfego e ao transporte coletivo urbano.

As medidas não duraram muito tempo, pois logo o ônibus apareceu e ameaçou o monopólio concessionário da Light. Imediatamente após a dissolução da companhia de natureza privada, seguiu-se a criação, em 1947, da primeira companhia totalmente pública operadora de serviço de transporte público, a Companhia Municipal de Transportes Coletivos (CMTC). Mas, assim como tinha acontecido outras vezes no passado, o monopólio público também não sobreviveu muito tempo por causa de uma questão aparentemente simples: a política tarifária.

Tal questão foi sentida de forma significativa no ano de 1973, quando, em decorrência da Guerra Árabe-Israelense na região da Palestina, o preço do petróleo disparou no mundo todo. As tarifas dos transportes públicos no Brasil também dispararam e, em 1974, importantes nomes ligados aos assuntos dos transportes já estavam reunidos na Federação das Empresas de Transportes Rodoviários do Estado do Rio Grande do Sul (Fetergs) para discutir os desdobramentos sem precedentes da crise do petróleo especificamente nesse setor. Nas próximas páginas, veremos como o bater das asas de uma borboleta do outro lado do mundo pode afetar diretamente a vida aqui. No caso grave que foi o da Guerra do Yom Kippur, milhares de brasileiros deixaram de ter acesso ao transporte público ou viram a sua renda cair drasticamente ao bancarem as tarifas de deslocamento ao trabalho diariamente. Da mesma forma, veremos com mais especificidade como o papel das entidades sindicais e das associações civis foi importante para reafirmar com o poder público o direito e a equidade do acesso ao transporte público para todos os habitantes, uma vez que o acesso e a circulação pelo espaço público são direitos de todos.[107]

Os efeitos do drástico aumento do preço do petróleo e a sua escassez mundial já se faziam sentir em diferentes setores da economia brasileira no início da década de 1970. Na época, o país importava 70% do petróleo que consumia, e, por isso, o governo federal, em conjunto com a Petrobras, apelou a medidas de racionamento em todo o território nacional e para todas as áreas dependentes do petróleo. Foi diante dessas condições que, em meados do ano de 1974, figuras públicas como Antônio Demarchi Chula (então presidente do Sindicato das Empresas de Transportes de Passageiros do Rio Grande do Sul), Ilso Pedro Menta (então vice-presidente da Fetergs), Marcus Vinicius Gravina (advogado, na época ligado ao setor de transporte de Caxias do Sul), Hermínio Mendes Cavaleiro (que se aposentou como ministro do Tribunal Superior do Trabalho em 1997) e Darci Norte Rebelo (autor da memória sobre esses eventos no livro *A história do vale-transporte*) se reuniram com o então ministro da Fazenda, Delfim Netto, para discutir um projeto que revolucionaria a história do transporte e dos trabalhadores no Brasil e no mundo.

Os representantes ligados a movimentos sindicais discutiram a possibilidade de o governo federal conceder subsídios ao transporte

---

107. Está previsto em lei, no artigo 5º, inciso XV da Constituição Federal de 1988 que "Todos são iguais perante a lei, sem distinção de qualquer natureza, garantindo-se aos brasileiros e aos estrangeiros residentes no País a inviolabilidade do direito à vida, à liberdade, à igualdade, à segurança e à propriedade, nos termos seguintes: é livre a locomoção no território nacional em tempo de paz, podendo qualquer pessoa, nos termos da lei, nele entrar, permanecer ou dele sair com seus bens".

no intuito de que, quando fosse repassada a tarifa aos usuários do transporte público, estes não sentissem tão diretamente os efeitos da crise iminente. A princípio, a medida visava contornar a grave crise social e econômica causada pela inflação do preço do petróleo. Todavia, segundo Darci Rebelo, àquela altura, o Estado não quis tomar essa responsabilidade, ignorando assim uma questão fundamental à sociedade. Após a frustrada reunião com o ministro da Fazenda, a ideia inicial teve de ser reformulada e acabou se transformando no projeto de tornar o custo de transporte dos trabalhadores usuários uma tarefa coletiva, de modo que a responsabilidade fosse dividida entre o empregador e o Estado.[108] Desse modo, o projeto não perdeu o seu objetivo inicial de transformar o custo do transporte do trabalhador usuário em um direito social.

A maturação de um projeto

Finalmente, no dia 23 de outubro de 1981, a proposta se transformou no Projeto de Lei n. 5.378 de adoção do Vale-Transporte como financiamento do transporte público. A primeira proposta do benefício consistia na ideia de "retirar a sua natureza salarial, a base de incidência de contribuições e de FGTS" de algo que "também não poderia caracterizar renda tributável dos trabalhadores",[109] e propunha, além disso, abranger os dependentes dos trabalhadores (como os estudantes-filhos matriculados, por exemplo), de forma que pudesse beneficiar principalmente as famílias de menor renda. Após algumas mudanças – reti-

---

108. Darci Norte Rebelo, *A história do Vale-Transporte: crônicas*. Brasília: Associação Nacional das Empresas de Transportes Urbanos, 2012, pp. 16-17.
109. Idem, p. 16.

rada de condições, como a dos dependentes, e concessão de incentivos fiscais aos empregadores –, a lei do Vale-Transporte foi aprovada em 1985 como a forma definitiva da Lei 7.418/85 que conhecemos hoje:

> Fica instituído o vale-transporte, que o empregador, pessoa física ou jurídica, antecipará ao empregado para utilização efetiva em despesas de deslocamento residência-trabalho e vice-versa, através do sistema de transporte coletivo público, urbano ou intermunicipal e/ou interestadual com características semelhantes aos urbanos, geridos diretamente ou mediante concessão ou permissão de linhas regulares e com tarifas fixadas pela autoridade competente, excluídos os serviços seletivos e os especiais.[110]

Até os dias atuais, o transporte público no Brasil é caracterizado pelo fornecimento do serviço por empresas mistas que operam sob responsabilidade e concessão do município e/ou do estado. Com a conquista do Vale-Transporte na década de 1980 – que de imediato contornou variadas dificuldades, que iam desde a flutuação tarifária expressiva em curtos períodos até a preservação do meio ambiente –, outras possibilidades de melhoria dos serviços de transporte público vêm sendo pensadas pelas entidades civis, públicas e privadas junto ao governo federal. Aspectos como o custo operacional, a possibilidade de expansão de novas linhas e terminais e de aquisição de maquinário novo, tarifação, gratuidades, subsídios e integração de linhas e modalidades de transporte têm sido alvo constante de discussão quando o assunto é mobilidade e desenvolvimento social.

---

110. Artigo 1º da Lei 7.418 de 16 de dezembro de 1985.

Muitos nomes e instituições estiveram envolvidos na criação do Vale-Transporte e na sua efetivação como lei. Vale destacar importantes figuras e associações, como o ministro Affonso Camargo (ministro dos Transportes na época), o ex-presidente José Sarney (que assinou a lei), Roberto Marinho, da Rede Globo de Televisão (responsável pela disseminação do benefício pelos meios de comunicação), e praticamente todos os movimentos trabalhistas da época (principalmente o sindicato do ABC paulista). O Vale-Transporte foi uma conquista nacional de todos e para todos os trabalhadores brasileiros, certamente a maior conquista após a Consolidação das Leis do Trabalho (CLT) pelo governo Getúlio Vargas em 1943.

O Vale-Transporte garantiu o direito do trabalhador de ir e vir sem que a sua renda fosse comprometida, ao passo que contribuiu duplamente para o desenvolvimento econômico do país por, de um lado, diminuir os índices de absenteísmo no trabalho e, do outro, se tornar responsável por 40% da receita do setor dos transportes públicos. Ainda assim, para os idealizadores e defensores do Vale-Transporte como um direito do trabalhador brasileiro, os desafios continuam. Em julho de 2013, por exemplo, o Brasil foi palco de grandes manifestações sociais contra o aumento das tarifas do transporte público no território nacional. As lideranças de entidades civis (Movimento Passe Livre e outras) enfatizavam o respeito ao direito à mobilidade urbana, reivindicando e reforçando o direito às gratuidades (para estudantes, idosos e deficientes físicos), bem como uma política tarifária mais acessível à população brasileira e a melhoria do serviço de transportes públicos.

Na época, o benefício do Vale-Transporte não foi colocado em xeque nem sofreu reajustes percentuais. Porém, as entidades civis se mantêm vigilantes quanto às mudanças na relação do governo federal com o setor dos transportes, no que diz respeito principalmente aos subsídios e às gratuidades, uma vez que hoje a mobilidade urbana se constituiu não só como um direito básico do cidadão, mas também como um direito relacionado à qualidade de vida.[111] Outras pautas em discussão são a melhoria da qualidade do transporte público e a maior interligação de linhas e modais, para que as viagens possam ser cada vez mais otimizadas. Nisso se inclui o benefício do Vale-Transporte, já que o seu caráter de benefício social exige uma constante atenção em relação a sua garantia.

Tendo isso em vista, a seguir discutiremos alguns dos aspectos técnicos do Vale-Transporte e como se deram historicamente sua evolução e sua implementação no Brasil nos últimos anos, de modo que seja possível entrever também alguns dos caminhos futuros do benefício diante dos desafios sociais e tecnológicos dos dias atuais.

Legalidade e instituição do Vale-Transporte

Como se trata de um direito à população, a operação de transporte coletivo urbano necessita de um embasamento próprio legal para defender os interesses e a integridade dos passageiros, assim como assegurar os interesses dos prestadores desses serviços. Tais procedimentos são determinados por leis regionais (estado ou município), órgãos ou entidades públicas que monitoram os transportes (pela exigibilidade do cumprimento de normas, condutas, padrões de desempenho e qualidade) e pela adesão aos termos de usufruto do serviço, delegados pelos governos.

---

111. Rogério Belda, "Mobilidade com qualidade de vida". *Revista Engenharia*, n. 607, pp. 101-102, 2011.

Assim, a efetivação do serviço de transporte público parte essencialmente da associação do poder público de determinada região (nação, estado ou município) com as iniciativas privadas. A posse do serviço de transporte coletivo é do Estado, mas os responsáveis pela prestação do serviço de transporte coletivo urbano podem variar: empresas operadoras de serviço; empresas de capital misto, sujeitas a investimentos privados ou à comercialização de títulos acionários (cotas executivas) ou de dívidas no mercado de capitais; ou ainda empresas essencialmente privadas, porém regidas por um contrato de Parceria Público-Privada (PPP). Todas são, no entanto, sujeitas a regulamentação e a coordenação e, em alguns casos, remuneradas por entidades essencialmente públicas subordinadas ao governo.

O Vale-Transporte surge então (Lei 7.418/85) como benefício intermediário facultativo, para depois se transformar em benefício obrigatório estipulado ao empregador por lei criada em 1987 (Lei 7.619/87). Hoje, esse direito se estende a todos os trabalhadores em geral, não somente aqueles definidos pela CLT, mas também aos que exercem trabalho temporário, aos que trabalham em domicílio, aos atletas profissionais e aos servidores públicos federais ou municipais. É um direito intransferível dos usuários do transporte público coletivo.

A despeito de ter ficado de fora da Constituição de 1988, tal fato não constituiu perda em relação ao direito ao benefício, uma vez que hoje está tão enraizado nas relações de trabalho e de produção que não perde a sua legitimidade por não estar constitucionalizado.[112] E não está, igualmente, dissociado das políticas de emprego, moradia, educação, saúde e lazer. Por esses princípios, inicialmente, ficava instituído que o VT não poderia ser substituído por pecúnia (pagamento em dinheiro,

---
112. Darci Norte Rebelo, op. cit., p. 29.

por exemplo), já que é um título de crédito representativo pago pelo empregador ao sistema público de transportes utilizado pelo empregado. Atualmente, entretanto, já existem acordos sindicais e práticas trabalhistas aceitas em tribunais que permitem a substituição, como para a categoria dos bancários ou alguns órgãos do governo.

Em relação à representação política para garantia dos direitos, entidades civis como a Associação Nacional de Transporte Público (ANTP) e a Associação Nacional das Empresas de Transportes Urbanos (NTU) se reservam o direito de representar a classe dos trabalhadores usuários do transporte público coletivo urbano ou metropolitano, levando ao poder público questões relacionadas à mobilidade urbana, ao incentivo ao uso do transporte público e ao fortalecimento do direito ao Vale-Transporte em todas as regiões brasileiras.

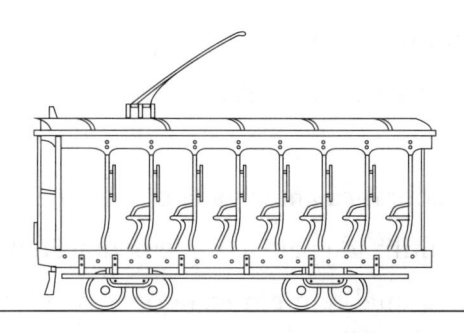

5. BILHETAGEM ELETRÔNICA

Bilhetagem é a terminologia empregada para representar um conjunto de elementos englobando: tecnologia; organização; política tarifária e recursos humanos envolvidos na arrecadação, distribuição e controle das receitas provenientes de um sistema de cobrança de tarifas. No transporte público, a bilhetagem estabelece vínculos sociais, econômicos e tecnológicos.
Maria Dolores Villegas[113]

---

113. Maria Dolores Villegas (1997). *Procedimento de avaliação dos sistemas de bilhetagem automática para transporte público por ônibus*. Rio de Janeiro: PET/COPPE/UFRJ, 1997. Dissertação (Mestrado).

O processo de bilhetagem nos transportes: políticas tarifárias, meios de pagamento e arrecadação

A emissão e a cobrança antecipada de bilhetes de transportes são uma metodologia utilizada para a implementação de uma política tarifária específica, a qual tem em vista objetivos amplos em termos operacionais, administrativos e sociais.

A principal alteração fundamentada pelos processos de bilhetagem foi a substituição da venda de bilhetes interna nos veículos ("de dentro") para a venda externa de bilhetes, realizada de maneira antecipada ("fora").

Os primeiros registros históricos de processos controlados de cobrança antecipada datam de 1840, na Inglaterra, com a utilização de um bilhete acartonado que mais tarde seria denominado *Edmonson*, por causa de seu criador inglês, Thomas Edmondson. O bilhete em formato retangular foi adotado por praticamente todas as ferrovias existentes na época. O papel ficava em posse dos usuários e, ao longo do trajeto, os funcionários da ferrovia passavam para perfurá-lo como forma de demarcar o trecho percorrido e a viagem que o passageiro havia comprado. Desse modo, além de registrar pagamentos de passagens ferroviárias, era possível contabilizar as receitas auferidas.[114]

Antes desse sistema, as companhias ferroviárias empregavam bilhetes escritos à mão, como era usualmente realizado em diligências. Porém, muitas filas se formavam nas estações, já que os oficiais ferroviários tinham que inserir dados manualmente no bilhete de cada passageiro. A prática acabou se mostrando bastante inviável quando o

---

114. Ayrton Camargo e Silva, "Uma importante história da ferrovia: os bilhetes Edmonson". *Diário do Transporte*, abr. 2011.

fluxo de passageiros era maior. Por isso o sucesso do bilhete Edmonson de papel, que se popularizou ao redor do mundo a partir de 1960. Por volta dessa época, na Europa, novos formatos foram agregados a ele, por exemplo, mecanismos rudimentares de segurança e tarjas magnéticas. Já nos idos de 1980, o Edmonson passou a ser gradativamente substituído pelos cartões de plástico e outros meios mais modernos.

Desde as formas materiais mais rudimentares, os sistemas de bilhetagem sempre acompanharam o desenvolvimento do próprio sistema de transportes, uma vez que se mostraram imprescindíveis para as práticas de emissão, comercialização, distribuição de meios de pagamentos de passagens (cartões, bilhetes, vales, outros tipos de vouchers em papel e fichas plásticas ou metálicas) e, finalmente, para o controle e o recolhimento de valores vinculados a tarifas de viagens realizadas pelos usuários nos veículos.

O sistema desde sempre foi composto por dois importantes macrofluxos: a conversão das tarifas vigentes em meios de pagamentos válidos (no âmbito dos usuários) e os modelos de arrecadação adotados por parte dos operadores.

Com o tempo, os canais de comercialização se converteram em diversos formatos, desde abordagens feitas por cobradores internos nos veículos até bilheterias de estações e terminais, lojas no varejo, máquinas automáticas e internet. Nos dias atuais, uma das grandes preocupações consiste em que os passageiros possam ter atendimento diferenciado, usufruindo de comodidade, praticidade e rapidez na utilização de sistemas de bilhetagem, independentemente das estruturas tarifárias ou dos meios de pagamento existentes.

Uma outra matriz de funcionamento do sistema de bilhetagem desenvolvida ao longo dos anos foi a de bilhetagem integrada, que consiste na política em que os preços não sofrem qualquer tipo de alteração caso o usuário necessite embarcar em mais de um veículo de transporte para alcançar o seu destino. Assim, a integração tarifária funciona como um incentivo à maior utilização do transporte público diante do crescente e crônico congestionamento de automóveis nos grandes centros urbanos.

Em cidades cada vez mais populosas e diametralmente maiores, em que se desenvolvem complexas redes de transportes com base nas variações de comportamento de utilização dos usuários, passa a ser imprescindível a implantação de estruturas mais dinâmicas de precificação de passagens, de integrações tarifárias e de novas tecnologias com maior poder de processamento e controle. Por essas razões, a bilhetagem eletrônica surgiu como fator diferenciado para os operadores de transporte e também para os usuários.

A bilhetagem eletrônica simplificando a vida moderna

Com o rápido adensamento populacional e com o desenvolvimento urbano, as metrópoles passaram a demandar sistemas de transporte mais eficazes. O aumento da frota particular de automóveis em vias de acesso que não são expandidas na mesma proporção resulta em grandes congestionamentos diários, prejudicando a mobilidade, a qualidade de vida, os custos com transporte e a geração de riquezas para a economia. Na busca por maior fluidez, as redes de transportes sofrem significativas modificações estruturais resultantes das transformações urbanas, extensões de áreas abrangidas e de intervenções governamentais. Diante desse cenário, uma das alternativas propostas em diversas campanhas veiculadas pelas entidades de governo se baseia no encorajamento das pessoas a substituírem seus automóveis pelo transporte público, desde que este ofereça serviços mais rápidos, confortáveis e com custos acessíveis.

Desse modo, a priorização de recursos para a criação de infraestrutura e redes de transportes públicos torna-se cada vez mais urgente, principalmente nas regiões metropolitanas das grandes cidades. Em um momento em que temas como sustentabilidade, qualidade de vida, bem-estar do indivíduo e todos os outros fatores que potencializam a mobilidade urbana tornaram-se pautas de importantes discussões sociais e políticas ao redor do mundo, o segmento de transportes demanda novos modelos de gestão e operações.

Torna-se, então, imprescindível a utilização de um sistema de transportes coletivos multimodais, com opções de integração, facilidade de acesso e distintos meios de pagamento, já que na vida contemporânea o tempo é um bem subjetivo cada vez mais precioso, tanto para a produtividade e os sistemas corporativos como para a qualidade de vida dos indivíduos e de toda a sociedade.

Devido à própria natureza do segmento de transporte público, a introdução de novas tecnologias para controle de processos pode acabar se tornando um estímulo para a reinvenção da atividade. Esse ciclo gera novas oportunidades de mercado e qualifica os serviços já oferecidos.[115]

As inovações tecnológicas alteram por completo os mercados existentes, definindo novas segmentações e interações e estimulando o crescimento econômico. Assim, a bilhetagem eletrônica surgiu como fator de inovação nos serviços de transporte público e encontrou um

---

115. Rafael Mendes Lübeck; Milton Luiz Wittmann; Wagner Júnior Ladeira, "Rede interorganizacional: inovação em serviços a partir da implantação da bilhetagem eletrônica em empresas de transporte público da região metropolitana de Porto Alegre". *REDES*, Santa Cruz do Sul, v. 14, n. 3, set./dez. 2009.

enorme campo de atuação. Visando otimizar processos, os sistemas de bilhetagem garantem maior controle de transações, levando maior praticidade, segurança e economia aos usuários do transporte. A partir deles, pode-se, por exemplo, aferir a quantidade de passageiros em rotas específicas e horários críticos para obter o melhor dimensionamento, os melhores formatos e as quantidades necessárias de veículos nas ruas ou nos trilhos, qualificando o nível do serviço prestado ao usuário.

Devido às preocupações com a rapidez de processamento de dados, segurança contra fraudes e outros incidentes, os sistemas de bilhetagem eletrônica foram propagados como uma evolução natural dos antigos sistemas de cartões de crédito magnéticos. Com a utilização de chip e memória, informações relativas a situação cadastral, saldos e tarifas podem ser armazenadas, sendo a sua leitura realizada em equipamentos chamados de validadores. Sistemas de suporte ao banco de dados e controle de operações, por exemplo, complementam o conjunto.

A bilhetagem eletrônica é composta por um conjunto de programas e equipamentos com características e funcionalidades que incorporam desde o controle dos meios de pagamento até o processamento de uma enorme quantidade de informações, facilitando a utilização e o gerenciamento do transporte público. Ressalto, uma vez mais, que a bilhetagem eletrônica gera diferentes políticas tarifárias integradas, um fator de difícil condução quando da utilização de ferramentas tradicionais de controle de meios de pagamento.

Mas, afinal, o que é bilhetagem eletrônica?

A bilhetagem eletrônica é uma metodologia utilizada globalmente nos transportes públicos que equivale, de maneira simplificada, à aquisição antecipada de créditos de viagens armazenados em mecanismos especiais, por exemplo, em cartões inteligentes, e o posterior uso desses créditos para pagamento das tarifas de serviços. Configura-se como uma solução integrada de equipamentos e sistemas, utilizada para planejar, organizar e controlar a arrecadação das tarifas cobradas no sistema de transporte. Nos anos 1990, o projeto de cartões na cidade de Paris, por exemplo, foi devidamente implantado com muito sucesso, tornando-se referência mundo afora. Ainda nessa década, várias aplicações de integrações temporais em bilhetes Edmonson foram operacionalizadas, devido à maior capacidade de memória obtida. Por meio de incrementos em pesquisa e novos desenvolvimentos, até 2010, sistemas mais complexos em termos de segurança, quantidade de usuários e tecnologias de processamento surgiram em cidades como Londres, Seul, Santiago, São Paulo, Pequim e Amsterdã.

Um sistema de bilhetagem eletrônica consiste em um conjunto de metodologias utilizado em transportes públicos que envolve equipamentos e sistemas desenvolvidos para garantir a automação do pagamento das passagens, utilizando créditos eletrônicos armazenados em dispositivos especiais, como cartões inteligentes.

Existem pelo menos quatro modalidades de sistemas de bilhetagem eletrônica, que são: o *smartcard* de contato (com um chip de memória e uma interface para produtos); o *smartcard* sem contato (também com um chip de memória e uma interface para produtos, sendo o principal modelo adotado no transporte público); o *smartcard* combinado (com um chip de memória e duas interfaces para produtos); e o *smartcard* híbrido (com dois chips de memória e duas interfaces para produtos).[116]

---

116. J. J. Farrell, Smartcards Become an International Tecnology. *Tron Project International Symposium*, 1996.

Os cartões sem contato (*contactless*) são geralmente utilizados em situações em que necessitam ser processados com facilidade e rapidez, como no transporte público, já que não são admitidas filas de pessoas para pagarem suas passagens em ônibus estacionados temporariamente em vias de circulação ou em horários de rush nas estações de trens. Nesses casos, a leitura é feita por transmissão eletromagnética, sendo necessária apenas a aproximação do *smartcard* a um leitor magnético instalado em um equipamento chamado validador, sem que haja contato.[117]

Assim, diante da análise das regras decorrentes das políticas tarifárias, créditos eletrônicos são emitidos, distribuídos e geridos pelas instituições que controlam e operam os sistemas de transportes de cada município ou região, para que depois possam ser carregados nos cartões inteligentes dos usuários.

Uma vez entendidas as funções de cartões e créditos eletrônicos, temos de ressaltar o papel dos validadores, pois são peças centrais em um sistema de bilhetagem. Os validadores são equipamentos inteligentes para captura e processamento de informações, normalmente acoplados às catracas dos ônibus ou aos bloqueios de acesso nas estações e nos terminais.

As funções de um validador compreendem desde a leitura até a gravação de dados nos cartões dos usuários. Esses equipamentos verificam as regras de uso e informações constantes nos cartões, como saldos, tipos, formatos e até os benefícios a eles associados. Após o processo de leitura, o validador certifica se existe alguma pendência com o cartão, por exemplo, a inclusão em listas negativadas por motivos que vão desde situações cadastrais até roubos, furtos e extravios. Após essa verificação

---

117. Ibid.

prévia, procede-se ao débito do valor referente à passagem e é gravado novo valor do saldo no cartão, liberando o acesso pela catraca ou, ainda, o bloqueio, tudo isso em frações de segundos. Contudo, o fluxo aqui exemplificado representa apenas uma pequena parcela de um sistema muito mais complexo. Vale ressaltar também que, em muitas cidades, as recargas de créditos ocorrem nos próprios validadores.

Além de cartões chipados, créditos eletrônicos e validadores, um sistema de bilhetagem é composto por muitos módulos de apoio e processamento de informações. Em resumo, os principais componentes do sistema são organizados nos seguintes macroprocessos:

- Controle de acesso de usuários aos sistemas de transporte.
- Emissão, comercialização e distribuição de créditos eletrônicos.
- Controle de arrecadação de passagens e repasses a operadores.

Em face da amplitude das operações realizadas, pode-se auferir que os sistemas de bilhetagem eletrônica operam dados cadastrais dos usuários e controlam importantes funções, como a geração de créditos, passando pelos processos de comercialização e posterior distribuição para as diferentes redes de recarga, o monitoramento da utilização por usuários nos meios de transporte, a arrecadação de valores trafegados, a identificação de eventuais tentativas de fraudes ou mau comportamento de utilização, e, por fim, a remissão e o devido repasse financeiro aos operadores.

Os processos anteriormente citados possuem um conjunto de programas e aplicações de software, que, para fins de produtividade, rapidez e controle, devem estar integrados. O conjunto dessas funções é denominado *backoffice* do sistema de bilhetagem eletrônica.

Finalmente, no sistema de bilhetagem devem ser tratadas todas as regras de negócios e operações de cada operador de transporte. Entre elas estão questões cadastrais e gratuidades, tarifas diferenciadas por horários, dias da semana, fluxos mensais ou regiões, integração entre modais, forma de aquisição dos créditos eletrônicos, modelos de recarga nos cartões e modelos de repasse para as operações. Todas essas regras devem ser organizadas e parametrizadas nos módulos de *backoffice*, que têm como função primordial a formatação das operações e o controle geral do banco de dados.

Os benefícios da bilhetagem eletrônica para a mobilidade urbana

Segundo dados apresentados em publicações recentes da área de mobilidade urbana, aproximadamente 80% das cidades brasileiras já operam sistemas de bilhetagem eletrônica. Os investimentos realizados nessa tecnologia proporcionam muitos benefícios, com vantagens que vão muito além da prerrogativa inicial, que é a de não se utilizar dinheiro no pagamento das tarifas. São estes alguns exemplos de aspectos positivos alcançados:

- Criação de redes de integração que permitem ao usuário do sistema fazer várias viagens pela rede de transportes (ou mesmo entre redes distintas), porém pagando valores reduzidos em relação ao que seria originalmente gasto em cada uma das passagens unitárias durante o seu deslocamento, estimulando assim o uso recorrente dos serviços.

- Melhor gerência da rede de transportes, pois o sistema de bilhetagem proporciona ferramentas de produtividade. Diversos indicadores são relacionados em relatórios em que o gestor do sistema identifica a necessidade de alterações, por exemplo, o incremento do número de veículos circulando numa linha em determinados horários de pico. Conhecendo a demanda, pode-se planejar a oferta dos serviços.
- Transparência e controle, uma vez que os créditos eletrônicos têm processos rastreados, com possibilidade direta de serem auditados, em todas as suas etapas: emissão, comercialização, distribuição, utilização e remissão.
- Segurança dos usuários e funcionários, já que os veículos passam a circular com menos dinheiro em espécie, diminuindo o risco de tentativas de assaltos.
- Combate à evasão de receitas por meio da drástica redução ou da eliminação do comércio clandestino de passagens em tickets de papel, amplamente aceitos até então na informalidade.
- Praticidade para usuários e operadores, uma vez que não precisam mais se preocupar com a composição de valores e, principalmente, com o troco.
- Qualidade percebida na prestação dos serviços, já que os tempos de embarque se tornam menores, garantindo maior agilidade nas operações como um todo.
- Economia no processo, uma vez que os custos operacionais da logística e do manuseio de valores em espécie são reduzidos.
- Integração da bilhetagem com diversos sistemas de controle de operações, de imagens, de comunicação e também de processamento, criando subsídios para a atuação de uma metodologia

mais ampla, chamada de ITS (*Intelligent Transportation System*), a qual cruza informações, gerando maiores níveis de serviços e satisfação aos usuários e menores custos aos operadores. Um exemplo disso é o rastreamento dos ônibus por GPS em mapas digitais geolocalizados, com o qual pode ser criada uma rede de informações úteis para as centrais de controle operacional e para os usuários, que poderão saber, por exemplo, quanto tempo levará para os veículos desejados chegarem aos pontos de embarque, quantas pessoas efetivamente utilizam aquele meio de transporte, os horários de maior ou menor necessidade, entre outros.

O futuro da bilhetagem eletrônica e a transição para a bilhetagem digital

A capacidade de inovar no segmento de prestação de serviços se configura como questão primordial na busca pela produtividade. A alta competição e os avanços tecnológicos combinados impulsionam a produtividade. Modelos tradicionais de bilhetagem eletrônica foram até então baseados na utilização de cartões inteligentes sem contato, porém novas modalidades estão surgindo, sendo direcionadas por fatores importantes, como a rapidez de processamento de quantidades cada vez maiores de dados, bem como a segurança das operações, alterando significativamente a composição dos sistemas.

Nos últimos quinze anos, em muitas cidades brasileiras precursoras, a tecnologia empregada na programação de sistemas de bilhetagem eletrônica se tornou obsoleta. Com sistemas tecnicamente defasados, abrem-se as portas para gargalos, falta de produtividade e até fraudes, já que os padrões de segurança de cartões antigos e massivamente difundidos são mais fáceis de acessar, sem contar as limitações que dificultam a inovação. As primeiras versões dos *smart cards* utilizados em sistemas de bilhetagem eletrônica tinham limitação na capacidade de memória e protocolos mais frágeis de segurança no que tange a chaves de criptografia e recursos de bloqueio de acesso as informações contidas. Fora isso, não possuíam interfaces para a criação de novos mecanismos de exploração comercial que pudessem agregar receitas adicionais acessórias, como a produtos digitais atrelados, principalmente no que tange a itens financeiros, contas digitais, seguros etc.

Diante desses fatores restritivos, algumas tendências impulsionam novas pesquisas de aplicações, e equipamentos e programas são desenvolvidos na busca por maior performance e segurança. Podemos citar, por exemplo, projetos de abordagens sistêmicas em nuvem para transporte público. Estar na nuvem denota o processamento de dados de forma digital e on-line por meio de servidores computacionais remotos, fazendo com que os créditos eletrônicos de passagens não fiquem mais "estocados" em mídias físicas, no caso, os cartões inteligentes.

A mecânica empregada pelos sistemas de bilhetagem eletrônica nos cartões inteligentes faz com que todas as informações estejam gravadas de maneira física nos próprios cartões (informações cadastrais, saldos e transações); por isso, há um esforço contínuo em garantir funções de segurança via criptografia.

Os impactos da revolução tecnológica e dos modelos disruptivos e de grande escala também são sentidos nos transportes públicos. A incorporação de novos equipamentos e a proliferação de aplicações ligadas a métodos de comunicação mais estáveis e disponíveis, em especial a internet, bem como a potencialização de aplicações em nuvem; a introdução de sistemas de inteligência ligados a coleta, mineração e controle de quantidades quase infinitas de dados; e a aplicação de novos formatos de pagamento e mecanismos de segurança corroboram o estabelecimento de uma nova forma de bilhetagem, marcando a transição da bilhetagem eletrônica para a bilhetagem digital.

Conhecida também como ABT (*account-based ticketing*), a bilhetagem digital tem como objetivo proporcionar melhores experiências aos usuários, garantindo ainda a redução de custos para os operadores, já que processos em nuvem surgem para remodelar investimentos em servidores e equipamentos. Visa, igualmente, proporcionar melhor rentabilidade por meio do controle de custos operacionais, do incremento do relacionamento com clientes, da potencialização de tarifas diferenciadas e da oferta de novos produtos.[118]

Nessa nova modalidade, surgem parâmetros como codificação, reconhecimento biométrico e facial, aplicações de troca de dados sem fios (*Near-Field Communication* – NFC), pulseiras digitais, QR Codes, *smartphones*, integrações com instituições financeiras e bancárias por cartões de crédito e débito, geração de *tokens* e, principalmente, gestão de dados e computação em nuvem, os quais transformam significativamente os processos ligados à bilhetagem tradicional e introduzem um novo mercado potencial para o sistema de transporte.

Sistemas em nuvem, ou *cloud*, como são conhecidos nos setores de tecnologia, garantem maiores índices de segurança e confiabilidade, já que suportam a aplicação de quantidades maiores de processos de checagens de proteção, mecanismos de diminuição de riscos e detecção de fraudes do que os sistemas legados atuais. Um *token* nada mais é que um recurso especial desses sistemas em nuvem, representando uma

---

118. Khaled Zamer, "Account Based Ticketing: The Benefits and Drivers for Transit Operators". *Journal of Transportation Technologies*, v. 8, n. 4, pp. 331-342, jan. 2018.

garantia de passagem limitada em tempo e forma de utilização, de maneira que, caso haja uma fraude, ela se aproxime de um prejuízo muito pequeno e extremamente controlado para o sistema ou seu emissor.

Com a aplicação de novas tecnologias ligadas à bilhetagem digital, espera-se que os operadores dos sistemas de transporte tenham informações mais assertivas e confiáveis para o planejamento operacional dos serviços, bem como da frota de veículos em relação a localizações, horários, percursos, políticas tarifárias e controle de arrecadação, e, assim, possam auxiliar na tomada de decisões que tragam impactos positivos aos negócios e à vida dos milhões de pessoas que diariamente utilizam esses serviços.

A bilhetagem na cidade de São Paulo: a implantação do Bilhete Único

A bilhetagem eletrônica ou cartão inteligente tem sido estudado no Brasil desde a década de 1990, mas a sua implantação em diversas cidades brasileiras ocorreu somente no século seguinte. Outros modelos que haviam sido implantados ao redor do mundo e angariado significativo sucesso[119] serviram de inspiração ao esboço do projeto brasileiro. As primeiras ideias de um projeto de bilhetagem eletrônica foram discutidas na cidade de Campinas no ano de 1997, mas a implantação em larga escala desse modelo de política tarifária se efetivou na cidade de São Paulo, como fruto da proposta apresentada pela SPTrans que ficou conhecida como Bilhete Único. Os softwares e hardwares que

---

119. Como é o caso do Oyster Card em Londres (cartão pré-pago utilizável no metrô, ônibus, trens e DLR [*Docklands Light Railway*]); do Navigo, Mobilis, Paris Visite ou Paris Pass na França; do MetroCard em Nova York; e do Octopus Card em Hong Kong.

compõem o sistema de bilhetagem foram desenvolvidos e implantados por diversas empresas do segmento de tecnologia, contratadas pela SPTrans. Dentre elas, destacamos a Digicon e a Prodata, que participaram do projeto desde o início. Além disso, vale mencionar a empresa Atech (especializada em negócios de tecnologia), que teve um papel fundamental como consultora do projeto.

Após sucessivas tentativas, algumas delas fracassadas, o modelo de tarifa do Bilhete Único veio a ser implantado oficialmente no ano de 2004. Foram longos anos de estudos, testes, reuniões que pareciam intermináveis, apresentações e análises de modelos de negócios. Segundo o ex-diretor da SPTrans Adauto Farias, o grande desafio era dar conta da transição do modelo antigo para o novo diante das resistências de grupos vinculados ao sistema de transporte público na metrópole de São Paulo. Havia grande desconfiança da parte dos empresários distribuidores de Vale-Transporte – conhecidos vulgarmente, na época, como "ticketeiros" – e dos operadores e cobradores de ônibus, que, de um lado, eram temerosos em relação à segurança do sistema e, do outro, temiam pelos seus empregos. Mas a resistência maior devia-se à ideia geral de que o sistema de bilhetagem eletrônica poderia afetar os seus ganhos financeiros, pois o órgão gestor – no caso, a SPTrans, junto com a Prefeitura de São Paulo – viria a ter todo o controle do volume de passageiros transportados, bem como a sua tipificação, inclusive por faixa horária, região e linha.

Porém, conforme se verificou imediatamente após a maturação do projeto, todos acabaram ganhando com o novo sistema. Em termos de tecnologia, podemos destacar a conquista que foi a relativa facilidade encontrada na implantação de novas tecnologias que incentivavam as integrações físicas e tarifárias e aquelas relacionadas à confiabilidade dos dados. Em relação aos aspectos sociais e econômicos, o Bilhete

Único foi igualmente positivo, pois incidiu diretamente no desenvolvimento de princípios de mobilidade que atendiam melhor às demandas regionais. Por fim, como consequência do processo em cadeia de redução dos custos por meio das inovações e das políticas tarifárias e de mobilidade, destacamos o fator econômico dessa transformação: o aquecimento da economia.

Contra os recorrentes casos de fraude, falsificação e comércio ilegal na utilização e no repasse dos passes, das gratuidades e do benefício do Vale-Transporte concedidos anteriormente por meio de papel ou ficha, o bilhete eletrônico revolucionou todo o sistema de transporte e de cobrança tarifária aplicada até então. Com a implementação da bilhetagem eletrônica, o número de casos de fraudes caiu drasticamente, permitindo acabar, de forma silenciosa, com o comércio paralelo de passes de papel, algo que sangrava significativamente o caixa de todo o sistema de transporte público em São Paulo.

Vale destacar o último grande ponto positivo em relação à segurança operacional obtido por meio da bilhetagem eletrônica: o fim do transporte público irregular na cidade de São Paulo. Para que o Bilhete Único fosse implantado no sistema de transportes, o modal tinha de ser oficializado e regularizado pela SPTrans, o que fez com que, paulatinamente, a evasão da receita fosse reduzida drasticamente. O novo sistema de cobrança eliminou o serviço precário – em termos de segurança – de transporte ofertado por vans, peruas e até mesmo por veículos de passeio que operavam clandestinamente até os anos 1990.

Do ponto de vista social, houve um significativo ganho de tempo pelos usuários, uma vez que o sistema de bilhetagem eletrônica permitiu a integração sem cobrança adicional tarifária a cada embarque, que funciona propriamente como "transferência" e cujo custo já está sendo coberto pela tarifa cobrada. Não só o investimento dos usuários em transporte público caiu de forma relevante, como também essa medida facilitou aos empregadores as contratações de trabalhadores que moravam em regiões mais afastadas da respectiva oferta de emprego. Além disso, o usuário passou a usufruir de outros benefícios dos quais antes não dispunha, como o bloqueio do cartão caso fosse vítima de furto ou perda e a tarifa única para a realização de uma quantidade ilimitada de embarques em um tempo determinado (duas horas). O emprego de tecnologias modernas permitiu que a compra de créditos não ficasse restrita aos terminais físicos (como anteriormente acontecia no caso dos vouchers de papel, bilhetes magnéticos e fichas), podendo ser realizada on-line, via internet.[120]

Com o surgimento do cartão inteligente sem contato em diferentes partes do mundo, vislumbrou-se nesse dispositivo o vetor que faltava para a concretização do projeto do Bilhete Único. Vale ressaltar que o

---

120. Toda a estrutura e a modelagem do negócio foram conduzidas pelos técnicos da SPTrans, que contaram com a participação de empresas de tecnologia. No entanto, o Bilhete Único só se tornou possível em razão das decisões corajosas de gestores políticos envolvidos no projeto, como a prefeita de São Paulo na época, Marta Suplicy, e o secretário de Transportes Jilmar Tatto. Houve, igualmente, a contribuição de representantes de várias empresas credenciadas, que tiveram participação ativa e direta nos testes e nas operações dos sistemas. Vale a pena mencionar também alguns dos grandes nomes da SPTrans envolvidos no projeto do Bilhete Único, como a coordenadora de Análise de Política Tarifária do Metrô, Gerlene Colares, e o já mencionado Adauto Farias, que, na época como diretor da SPTrans, participou com afinco de cada etapa do projeto, desde a elaboração das ideias iniciais à fiscalização da implantação das primeiras máquinas de recarga ao redor da cidade e dos validadores nos ônibus. Outro nome muito importante ligado à elaboração das primeiras ideias foi o sr. José Aécio de Sousa. Funcionário da SPTrans por longos anos, foi um dos pioneiros a vislumbrar a transformação de uma verdadeira montanha formada pelos estoques de passes de papel em um tráfego virtual de créditos eletrônicos, os quais poderiam ser utilizados pelos usuários como meio de pagamento da passagem no sistema de transporte. Visionário, Aécio, como é conhecido, havia participado de outras tentativas anteriores frustradas, porém jamais desistiu desse projeto, que julgava pertinente.

projeto implantado em São Paulo em meados de 2004, mesmo diante de tantas dificuldades, tornou-se referência de excelência no setor, servindo como padrão a ser seguido não só em outras localidades no Brasil, como também no exterior. Outro fato curioso a ser lembrado é que a denominação "Bilhete Único" fixou no entendimento e na linguagem popular como sinônimo de operação bem-sucedida de bilhetagem eletrônica. Posteriormente, outros projetos em diversas outras cidades foram "batizados" com o mesmo nome.

O Bilhete Único como vetor do sistema de bilhetagem eletrônica

Nos últimos anos, temos acompanhado o que se tem falado sobre a implantação da bilhetagem eletrônica nos sistemas de transporte coletivo. Entretanto, é importante destacar que o bilhete eletrônico só avançou de fato, de forma a se tornar este instrumento que hoje é tão relevante e eficaz na reestruturação do mapa dos transportes no município de São Paulo, quando foi desenvolvido o vetor Bilhete Único.[121] Esse último funciona a partir de um cartão inteligente sem contato, uma vez que este foi o melhor meio encontrado para viabilizar a integração modal e tecnológica que atendesse aos mais variados perfis de

---

121. O primeiro sistema a ser utilizado para o gerenciamento do Bilhete Único foi a tecnologia dos cartões MIFARE. Em São Paulo, o cartão Bilhete Único é supervisionado pela SPTrans e operado por meio de recarga em créditos (nas modalidades Mensal, Semanal, Diário, Estudante, Vale-Transporte ou Comum) que o usuário pode utilizar em ônibus e micro-ônibus municipais, metrô e trens operados pela CPTM. Já o cartão BOM foi desenvolvido pela empresa Autopass e supervisionado pela EMTU; a partir dele, os usuários – principalmente os que moram em outros municípios – têm o direito à integração ao ônibus intermunicipal, ao metrô e à CPTM.

usuários. O seu sistema tem como principais funções gerar, distribuir, comercializar, controlar e transportar eletronicamente as informações relativas às transações de recarga e de pagamento das passagens por meio dos cartões utilizados nos sistemas de transportes coletivos que integram, atualmente, os modais ônibus, metrô, trem e, em alguns casos, até mesmo embarcações.[122]

Além de possibilitar a implantação de uma estrutura tarifária mais complexa – envolvendo a integração entre ônibus e intermodais –, o Bilhete Único permitiu uma série de alternativas de cobrança tarifária. Possibilitou, igualmente, a otimização do gerenciamento do sistema, em que se destaca a velocidade com que as informações são recebidas na central e disponibilizadas às operadoras e gestoras. Mas o sistema de bilhetagem eletrônica adequado ao transporte coletivo de São Paulo ainda hoje passa por redefinições e readequações, pois as projeções visam, para além da melhoria nos processos de arrecadação e de implantação de políticas tarifárias, que o Bilhete Único seja utilizado como um poderoso instrumento de gestão do transporte coletivo da cidade.

Os cartões constituíram um avanço para toda a logística do transporte, simplificando o serviço de forma geral: para as concessionárias, em relação à segurança durante o manejo com papel-moeda pelos cobradores (diminuindo assaltos); para a própria SPTrans, diminuindo os casos de fraude nos bilhetes eletrônicos (por meio do registro de usuários do Bilhete Único); e para o passageiro, no processo de utilização do serviço, garantindo benefícios tarifários.

---

122. O Bilhete Único no Brasil foi a maior solução em política tarifária utilizando o mecanismo de bilhetagem eletrônica conhecida logo após o cartão Octopus, desenvolvido em Hong Kong (1997). Ver: Hermes Eduardo Nichele, *Plano de traçados de linhas estruturais no modal Maglev para o núcleo urbano central da região metropolitana de Curitiba (PR): sistema de transporte e mobilidade sustentável*. 169 pp. Curitiba: Universidade Federal do Paraná, 2018. Monografia (Curso de Arquitetura e Urbanismo).

Mas o grande propulsor e catalisador do Bilhete Único em São Paulo foi o próprio Vale-Transporte. A elaboração de uma modalidade específica para o uso do VT em 2004, durante a gestão de Marta Suplicy na Prefeitura de São Paulo, fez com que o uso do cartão eletrônico para o Vale-Transporte aos poucos fosse introduzido e se tornasse recorrente. Até aquele momento, o VT pago aos trabalhadores era feito em papel de segurança, mas tinha um custo elevado, além de uma logística muito complicada e, principalmente, insegura. Com o tempo, o voucher em papel utilizado para esse fim acabou se tornando uma moeda paralela, sendo utilizado para o pagamento de outras mercadorias e serviços além do transporte. Até mesmo o comércio comum aceitava o pagamento com esses passes ou bilhetes em papel. Nisso consiste a grande mudança que trouxe o Bilhete Único para o caso específico do Vale-Transporte, diminuindo os custos anteriormente destinados à impressão de bilhetes e de transporte em carros fortes, bem como a distribuição deles em pontos de venda, que podiam ser, igualmente, alvo de assaltos.

Com a mudança para o novo sistema eletrônico de tarifação, foram garantidos, além de padrões aceitáveis de segurança nas operações, reduções de custos nos fluxos de trabalho, ganhos financeiros com a maior antecipação de receitas provenientes da venda dos créditos, a inviabilização do comércio paralelo ilegal e a espantosa redução das fraudes. Atualmente, uma modalidade do cartão eletrônico do Bilhete Único é concedida pelo empregador aos seus colaboradores, que, assim, podem armazenar os créditos do Vale-Transporte para utilização mensal. O sistema, que integra todas as modalidades de transporte público por meio de um consórcio realizado entre várias empresas (CPTM, Metrô, EMTU e SPTrans), entrou em funcionamento em 2005-2006, mas seu uso em larga escala começou de fato em 2011. Nos primeiros anos de funcionamento da nova tecnologia de pagamento, outras modalidades foram desenvolvidas e se tornaram de utilização frequente, como o Vale Comum, o de estudante, o de idoso etc.

Os mecanismos de venda, arrecadação e repasse de créditos eletrônicos

Com o processo de implantação da bilhetagem eletrônica e o subsequente sucesso da política tarifária do Bilhete Único na cidade de São Paulo, outras regiões brasileiras paulatinamente têm introduzido os mecanismos de cobrança eletrônica e operação de bilhetes no sistema de transporte público. Desde os anos 2000 surgiram o BOM, desenvolvido pela CMT (hoje Autopass) na região metropolitana de São Paulo; o RioCard, desenvolvido pela Fetranspor (atualmente Rio Ônibus) no Rio de Janeiro; o Vem, em Recife; o BH Bus, em Belo Horizonte, para citar alguns. Com a criação dos cartões eletrônicos, foi possível desenvolver outras funções, como integração tarifária, intermodal, temporal e de cobrança de diferentes produtos em um único cartão (o Vale-Transporte, o Vale Comum e outros benefícios e subsídios, como os de estudantes, idosos e professores). A partir da implantação das diferentes modalidades, verificou-se uma tendência natural de queda do mercado paralelo de venda e das fraudes, principalmente no caso do VT. A bilhetagem eletrônica foi bastante positiva para a SPTrans, mas também para outras operadoras que realizam a venda e o repasse dos vales, trazendo maior segurança às transações e à comercialização.

Em muitos municípios do país, no entanto, ainda se utiliza o antigo sistema de vouchers em papel ou fichas na cobrança das tarifas. Só no estado de São Paulo, por exemplo, municípios como Porto Feliz, Rio Grande da Serra, Sertãozinho, Barra Bonita, Cordeirópolis, Capão

Bonito, Leme, Garça e Birigui utilizam bilhetes de papel na cobrança de tarifas de viagem.

No caso dos municípios que fizeram a troca de sistema, durante a transição, eles experienciaram grandes mudanças nas políticas tarifárias até então adotadas. A necessidade do desenvolvimento de uma nova política de cobrança no caso de São Paulo a partir de 2004 fez com que o governo municipal iniciasse uma profunda reestruturação operacional dos serviços de transporte coletivo e, especialmente, dos mecanismos de venda, arrecadação e repasse das receitas.

De maneira geral, podem-se descrever algumas atividades, módulos ou subsistemas que integram um sistema de bilhetagem, compondo os macrofluxos relativos a emissão, comercialização, distribuição de créditos eletrônicos de transporte e repasses financeiros aos operadores:

- A SPTrans é responsável por emitir créditos eletrônicos e lançá-los ao mercado, em operação semelhante à realizada na Casa da Moeda, porém de maneira digital. Usando algoritmos de segurança, protocolos de comunicação e gravações em placas criptográficas, créditos eletrônicos são gerados para posteriormente serem distribuídos a partir de processos e sistemas concebidos para tal função.
- Outro importante módulo existente diz respeito à responsabilidade de emitir cartões baseados na gravação de estruturas de dados cadastrais e chaves criptográficas.
- A distribuição dos créditos é realizada por meio de sistemas que controlam o tráfego on-line de dados vindos das operações de venda em bilheterias, no varejo ou em aplicativos e lojas virtuais, bem como as recargas de créditos em equipamentos espalhados pela cidade.

- O módulo de processamento congrega todas as informações que permitirão o controle dos créditos carregados, o controle das contas-correntes dos cartões utilizados nos validadores, as devidas emissões de cartões e a geração de novos créditos, e as câmaras de compensação (*clearing houses*), em que são ajustados os montantes a pagar e a receber, que servem como base de remuneração e ajustes para os operadores de transporte e redes.
- O subsistema de controle de dados de garagens ou de bloqueios de estações consolida as informações das transações efetuadas por período, fazendo com que estas sejam direcionadas para o processamento central, bem como gerencia a alimentação de listas restritivas com relação ao cadastro de cartões bloqueados ou com problemas.
- Em resumo, a SPTrans é responsável pela gestão da arrecadação de toda a receita oriunda do transporte, que é composta pelos itens Vale-Transporte, Passes Escolares e Passes Comuns, além da remuneração – também chamada de repasse – para as empresas operadoras. É igualmente responsável pela comercialização de créditos eletrônicos, pela manutenção dos terminais de transferência, pelo planejamento e controle das redes de transportes e pelo gerenciamento do sistema como um todo.

Para que, de um lado, as operações possam ser viabilizadas e, do outro, haja capilaridade de atuação, a SPTrans conta – além dos operadores de transporte, que são os proprietários da frota de veículos utilizada – com o suporte de empresas privadas e estabelecidas em um competitivo mercado para a realização das atividades de comercialização de créditos, recargas eletrônicas e distribuição de Vale-Transporte.

Comercialização de créditos e recargas eletrônicas: a rede capilarizada

No Brasil, muitos sistemas de bilhetagem executam a recarga embarcada do Vale-Transporte, opção bem formatada para sistemas com pequena quantidade de usuários, permitindo que as listas autorizadas de recargas estejam disponíveis a bordo em todos os veículos, terminais ou estações.

Este, definitivamente, não é o caso da bilhetagem em São Paulo. Devido aos milhões de usuários recorrentes do produto VT, torna-se impossível a manutenção e o carregamento de listas tão extensas nos validadores dos ônibus ou nos bloqueios das estações de trens e metrô. Nesse sentido, para garantir o processamento e o livre tráfego de informações e efetivar as recargas, estruturas mais robustas de controle e comunicação pela internet, por cabo ou wi-fi, são estabelecidas por meio da instalação de equipamentos eletrônicos em pontos públicos estratégicos e previamente definidos, baseando-se na alta concentração e passagem de pessoas.

Já no que tange aos demais produtos vinculados às passagens comuns e de estudante, a SPTrans conta com uma extensa rede capilarizada, composta por bilheterias de estações e terminais, lojas próprias, casas lotéricas e também por empresas credenciadas e ativas como rede complementar, que administram múltiplos pontos no varejo, lojas virtuais, máquinas de autoatendimento ou aplicativos de venda por celulares.

Farmácias, bancas de jornais, padarias, restaurantes e lojas compõem os pontos da rede complementar por meio de operações feitas por terminais POS ("maquininhas") ou computadores, ambos acoplados a leitores de cartões inteligentes sem contato. Também se utilizam terminais de autoatendimento instalados em estações, terminais, hospitais, aeroportos, rodoviárias, shopping centers, entre outros, Lojas virtuais e aplicativos de venda por celular são outras opções mais modernas para a comercialização, direcionando as recargas de maneira diferenciada em equipamentos eletrônicos específicos.

A rede complementar realiza ainda outros tipos de serviços, como a disponibilização, a operação e a manutenção de equipamentos eletrônicos para recargas do item Vale-Transporte em empresas e em diversos pontos públicos de alta concentração.

As empresas credenciadas para a venda e a recarga de créditos do Bilhete Único são remuneradas sob forma de comissão, com base em um percentual sobre o valor vendido/carregado dos créditos por tipo de produto. Atualmente, os pontos de compra e recarga congregam aproximadamente 10 mil máquinas. Por meio desses pontos são realizadas, em média, 650 mil transações de recarga diariamente.

Comercialização e distribuição de Vale-Transporte:
o atendimento empresarial

No caso específico do Vale-Transporte, a SPTrans atende parcialmente o mercado em uma loja virtual e duas lojas físicas que são operadas internamente por sua própria equipe. Porém, para poder atender com qualidade à demanda latente em um mercado de enormes proporções, já que na grande São Paulo há milhares de empresas de diversos tipos e portes e milhões de funcionários, foi necessário complementar a operação interna.

A partir disso, a empresa paulistana lançou o artifício de credenciar outras empresas para a distribuição do benefício. Hoje, as empresas distribuidoras desempenham importante papel na operação do VT. Devido à quantidade de clientes que essas empresas possuem, o histórico e a especialização em práticas de gestão de RH, além de abranger outros benefícios, como Vale-Refeição e Vale-Alimentação, elas conseguem atender e comercializar, dando vazão a pelo menos 75% da receita total obtida com o Vale-Transporte da região.

Indicadores gerais da operação do sistema

De acordo com dados referentes às operações do primeiro trimestre de 2020 da SPTrans,[123] na cidade de São Paulo a venda de créditos eletrônicos movimenta a quantia aproximada de 8 bilhões de reais por ano. Desse total, pelo menos 52% representam a venda do item VT, o qual é adquirido pelos empregadores para beneficiar cerca de 2 milhões de funcionários. Outros 45% representam a venda de passagens do tipo Comum, adquiridas pelo próprio usuário, e 3% representam a venda do produto Estudante, o qual é adquirido pelos usuários que não possuem o benefício do passe livre.

São emitidos, aproximadamente, 12 mil cartões por dia útil e 250 mil por mês. Desde o início do projeto Bilhete Único, em 2004, até o presente momento, já foram lançados nas ruas mais de 40 milhões de cartões na cidade de São Paulo e em sua periferia urbana. São números robustos e incontestáveis, que fazem com que a operação se torne modelo a ser seguido tanto no Brasil quanto no resto do mundo.

---

123. Prefeitura de São Paulo. "Créditos Eletrônicos do Sistema de Bilhetagem". Disponível em: https://www.prefeitura.sp.gov.br/cidade/secretarias/transportes/institucional/sptrans/acesso_a_informacao/index.php?p=152857. Acesso em: 8 mar. 2020.

Desafios tarifários

Muitos são os desafios que ainda precisam ser enfrentados em relação à tarifação do transporte público. Paralelamente, outros acontecimentos de natureza externa, como mudanças no governo ou na prática de mobilidade urbana,[124] podem acabar afetando todo o sistema da política tarifária em vigência. Em 2013, assistimos por todo o país a manifestações populares que reivindicavam o direito às gratuidades e reclamavam o aumento da tarifa do transporte público. A mobilização urbana organizada por entidades civis, associações (partidos políticos), grupos emergentes (Movimento Passe Livre) e estudantes ocorreu em muitas cidades brasileiras, forçando o governo federal a atrasar o reajuste da tarifa, que não se alterava desde 2011. Mais tarde, junto a outros desdobramentos, as manifestações iniciadas em junho de 2013 levaram ao *impeachment* da presidente em exercício Dilma Rousseff.

Os pontos levantados durante os protestos foram principalmente relacionados às gratuidades (baixar a gratuidade dos idosos de 65 para 60 anos e manter o passe livre para estudantes) e à redução da tarifa das passagens (vinte centavos). Entretanto, outros aspectos foram cobrados, como a situação da precarização do transporte público (superlotação, maquinários obsoletos etc.) e a demanda por maior investimento em corredores de ônibus, apesar da manifestação da preferência popular por uma matriz de transportes majoritariamente estruturada sobre trilhos.

---

124. Nos últimos anos, algumas práticas de mobilidade urbana foram incorporadas como alternativa ao transporte público ou ao automóvel particular, principalmente na cidade de São Paulo. A bicicleta, o patinete e o carro compartilhado (aplicativos como Uber, 99, BlaBlaCar etc. se tornaram bastante utilizados) têm alcançado certa popularidade entre os usuários de transporte alternativo e sustentável.

Mas os desafios não se restringem à demanda popular. As gestoras do Vale-Transporte, as empresas consumidoras e os usuários enfrentam outros impasses, como as mudanças políticas inerentes à transição de governos, relacionadas às oscilações econômicas da política de subsídios ou às reformas trabalhistas e previdenciárias. Tais mudanças podem ser até mais graves e mais ameaçadoras para a manutenção de benefícios e subsídios, uma vez que o Vale-Transporte é uma metodologia consolidada desde 1985, altamente praticada por empregadores e fundamental para trabalhadores estabelecidos sob a CLT.

SISTEMA DE TRANSPORTE COLETIVO DE PASSAGEIROS DE SÃO PAULO

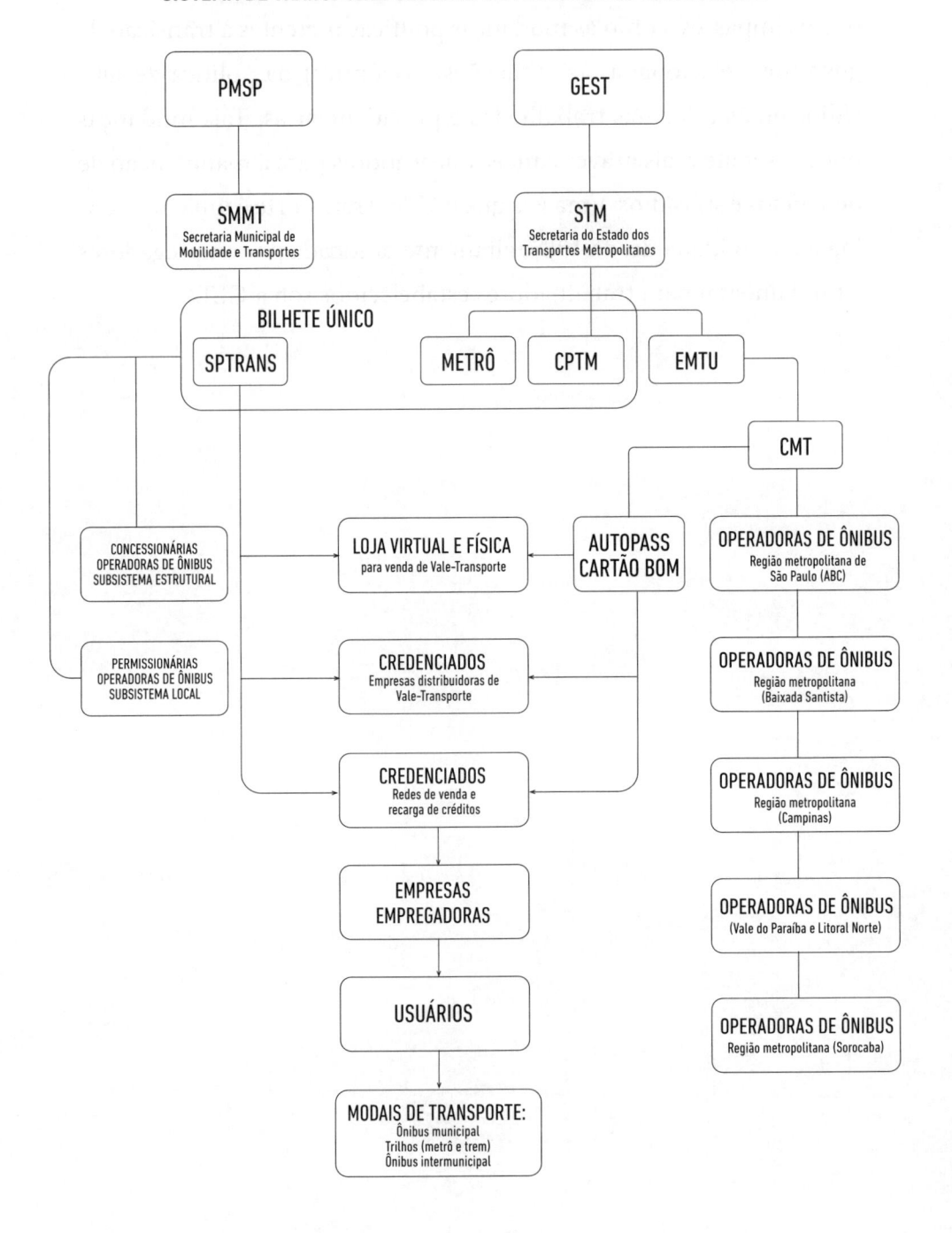

- PMSP
  - SMMT — Secretaria Municipal de Mobilidade e Transportes
    - BILHETE ÚNICO
      - SPTRANS
        - CONCESSIONÁRIAS OPERADORAS DE ÔNIBUS SUBSISTEMA ESTRUTURAL
        - PERMISSIONÁRIAS OPERADORAS DE ÔNIBUS SUBSISTEMA LOCAL
        - LOJA VIRTUAL E FÍSICA para venda de Vale-Transporte
        - CREDENCIADOS — Empresas distribuidoras de Vale-Transporte
        - CREDENCIADOS — Redes de venda e recarga de créditos
          - EMPRESAS EMPREGADORAS
            - USUÁRIOS
              - MODAIS DE TRANSPORTE: Ônibus municipal; Trilhos (metrô e trem); Ônibus intermunicipal

- GEST
  - STM — Secretaria do Estado dos Transportes Metropolitanos
    - BILHETE ÚNICO
      - METRÔ
      - CPTM
      - EMTU
        - CMT
          - AUTOPASS CARTÃO BOM
          - OPERADORAS DE ÔNIBUS — Região metropolitana de São Paulo (ABC)
          - OPERADORAS DE ÔNIBUS — Região metropolitana (Baixada Santista)
          - OPERADORAS DE ÔNIBUS — Região metropolitana (Campinas)
          - OPERADORAS DE ÔNIBUS — (Vale do Paraíba e Litoral Norte)
          - OPERADORAS DE ÔNIBUS — Região metropolitana (Sorocaba)

Credenciadas (Players)
Empresas que operam a venda e recarga de créditos

CAIXA ECONÔMICA FEDERAL
REDE PONTO CERTO
REDE PLANINVESTI
REDE SERVLOT
REDE GETNET
REDE PRODATA
REDE PERTO
REDE QUALITY E PROTEGE
REDE PLDEVICE
REDE PROMOBOM AUTOPASS
REDE DEVELS
REDE QIWI BRASIL TECNOLOGIA
REDE BENEFÍCIO CERTO
ZUUM - VENDA WEB
MOOVIT ITS PRODATA - VENDA WEB
SUPER PAGAMENTOS - VENDA WEB
CITTATI - VENDA WEB
BANCO DO BRASIL

Credenciadas (Players)
Empresas distribuidoras de Vale-Transporte

BENEFÍCIO CERTO LTDA
BENEFÍCIO FÁCIL COM DE MAT DE ESC E SERV
CAPTA RACIONALIZAÇÃO FM REDUÇÃO DE CUSTO
COMPANHIA BRAS. DE SOLUÇÕES E SERVIÇOS
EFFECTOR EXPRESS SERVIÇOS LTDA ME
GBB COMÉRCIO E SERVIÇOS EM GESTÃO EMPRESARIAL
MASTER BENEFÍCIOS E TECNOLOGIA LTDA - ME
PAGGA TECNOLOGIA DE PAGAMENTOS LTDA
PLANINVESTI ADMIN. E SERVIÇOS LTDA
RB SERVIÇOS EMPRESARIAIS S/C LTDA
SODEXO PASS DO BRASIL SERV INOVAÇÃO LTDA
SPVALE BENEFICIOS LTDA - ME
TACOM PROJ DE BILHETAGEM ELETRONICA LTDA
TICKET SERVIÇOS SA
VB SERVIÇOS COMERCIOS E ADMIN LTDA
VIA NOVA COMERCIO E SERVICOS LTDA
VR BENEFÍCIOS E SERVIÇOS DE PROC LTDA
VT SERVICE COMÉRCIO E SERVIÇO LTDA

SEGUNDA PARTE

O COMPETITIVO E DESAFIADOR MUNDO DAS RELAÇÕES EMPRESARIAIS E SUAS RELAÇÕES COM O RH E COM O VALE-TRANSPORTE

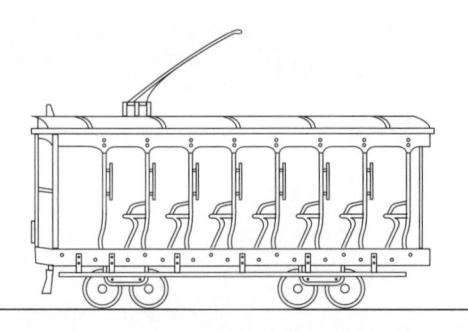

6. O VALE-TRANSPORTE NO CONTEXTO EMPRESARIAL

É um dos direitos essenciais conquistados pelo trabalhador brasileiro. No início, a adesão ao benefício era facultativa, porém, um tempo depois, sua concessão se tornou obrigatória. Fornecer o vale é obrigação do empregador, seja ele pessoa física ou jurídica. Além disso, o VT é pessoal e intransferível, sendo assim, é proibido vender, trocar, emprestar a terceiros ou usar para fins que não sejam o deslocamento ao trabalho e vice-versa.
Blog Benefício Certo[125]

---

125. "Dúvidas com Vale-Transporte? A BC preparou tudo o que você precisa saber sobre o benefício!" Blog Benefício Certo, São Paulo, 10 jan. 2020. Disponível em: https://beneficiocerto.com.br/duvidas-com-vale-transporte-a-bc-preparou-tudo-o-que-voce-precisa-saber-sobre-o-beneficio/. Acesso em: 10 mar. 2020.

Primeiros bilhetes de Vale-Transporte em papel utilizados nos transportes públicos.

Primeiros bilhetes de papel com tarja magnética (Edmonson).

Estação Ferroviária da Luz (São Paulo), em atividade desde 1867.

Integração entre estação de trem, metrô e terminal de ônibus da estação Pinheiros (São Paulo).

Trens da Companhia Paulista de Trens Metropolitanos (CPTM), na estação Barra Funda (São Paulo).

Integração e tecnologia no Bilhete Único.

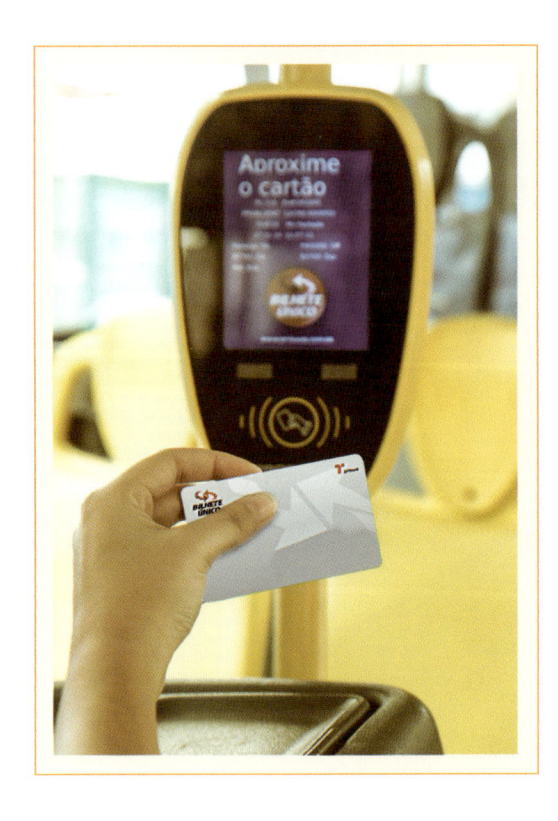

Usuário efetuando pagamento com seu *Smart Card* no validador.

Terminal de ônibus Bandeira (São Paulo).

Estação de metrô Pinheiros da linha 4 Amarela (São Paulo).

Linha de bloqueio de passagem, conhecida também como catraca.

Estação de metrô Sé da linha 1 Azul (São Paulo).

Operações de embarque e desembarque de passageiros em terminal de ônibus.

Ônibus turístico circulando na avenida Paulista (São Paulo).

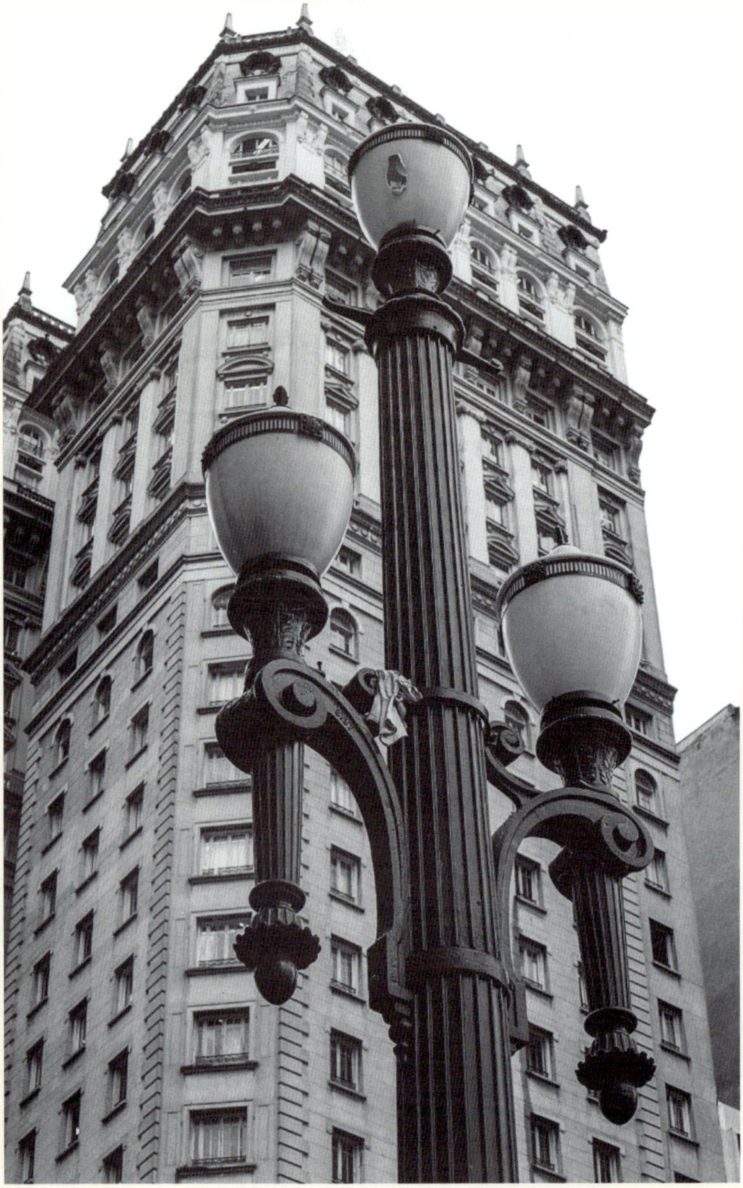

Os benefícios podem ser vistos como mecanismos diretos para a atração de grandes profissionais para as empresas, já que, em um ambiente de competição extrema, no qual ocorrem disputas por clientes e também por grandes talentos disponíveis, fica evidente que aqueles com maior destaque procurarão colaborar com quem identifica e valoriza os seus esforços e os retribui de maneira mais justa e proporcional. Para grande parte dos colaboradores, receber benefícios é tão importante quanto receber um bom salário ou mais importante ainda, pois eles podem ser fundamentais para desenvolvimento pessoal e profissional. Além disso, os auxílios também demonstram a valorização do profissional pela organização.

Os benefícios, portanto, não são apenas direitos do trabalhador; eles funcionam como um meio de atrair e reter talentos para a empresa. Uma oferta de emprego que contemple auxílios extrarremuneração para as necessidades demonstra que a organização se preocupa com o bem-estar e com a qualidade de vida dos seus colaboradores, e isso retorna em forma de melhoria do ambiente interno, gerando produtividade, vantagens competitivas entre empresas, desenvolvimento do mercado, entre outros aspectos.[126]

Garantir condições adequadas de trabalho para os colaboradores, visando a seu bem-estar, é vantajoso para todo o processo produtivo de uma empresa. E uma das condições essenciais é a da mobilidade. O projeto do Vale-Transporte nasceu com esse objetivo, por isso o valor do benefício é dividido entre os agentes produtivos de um país (empregador, Estado e trabalhador), de modo que não perca o seu caráter sobretudo social e garanta condições adequadas de locomoção do funcionário ao seu local de trabalho.

---

126. Michael E. Porter, *Vantagem competitiva: criando e sustentando um desempenho superior*. Rio de Janeiro: Elsevier, 1989.

É nesse sentido que a gestão de Recursos Humanos (RH), de Pessoas, ou de Gente, como ultimamente tem sido chamada, constitui um setor fundamental dentro do organismo empresarial. O RH não se restringe às funcionalidades burocráticas; é uma área de extrema importância que procura utilizar com racionalidade e competência os diversos meios de que dispõe para gerenciar a comunicação administrativa e de gestão de pessoas.[127]

Uma das funções do RH é gerenciar a remuneração dos funcionários. Veremos que o conceito de remuneração tem uma diferença essencial em relação à ideia de salário, pois o primeiro engloba benefícios que vão além do montante salarial referente ao trabalho desempenhado. Assim, os sistemas de remuneração têm múltiplas variantes, que vão desde a remuneração básica até as recompensas financeiras e não financeiras que têm como objetivo garantir estabilidade e potencializar a performance do funcionário.

Diante disso, faz-se necessária uma gestão de benefícios atuante e atualizada, visando entregar os melhores resultados operacionais e financeiros diante das condições e restrições impostas pelo mercado, como a concorrência, as atualizações constantes na legislação, as alterações de características demográficas e comportamentos de consumo, a abordagem de novas tecnologias, situações climáticas e ambientais, questões de impacto político e econômico etc. Apresentamos a seguir alguns conceitos que definem a concepção de benefício, seus formatos de gerenciamento e sua relação intrínseca com o Vale-Transporte.

Finalmente, neste capítulo nossos apontamentos e reflexões são orientados para todos aqueles que pertencem ou transitam pelo univer-

---

127. Mitsuru Higuchi Yanaze, *Gestão de marketing e comunicação: avanços e aplicações*. São Paulo: Saraiva, 2012.

so de recursos humanos, em especial aos gestores de pessoas, público-alvo deste livro, já que tais profissionais exercem papel fundamental nas definições estratégicas e no planejamento das operações que envolvem empresas, processos relativos ao Vale-Transporte e a devida concessão do benefício aos colaboradores.

A natureza dos benefícios

Os benefícios têm como finalidade básica trazer vantagens tanto à organização como ao colaborador, com extensão à comunidade. No que tange ao colaborador, benefícios são essenciais para garantir maior segurança e satisfação e ajudar a reformular a identidade profissional. Trazem melhoria da qualidade de vida, proporcionando melhores refeições diárias, deslocamentos mais rápidos, assistência à saúde, vida mais saudável do ponto de vista físico e mental. Todas essas vantagens deixam o colaborador, naturalmente, mais motivado, o que gera a melhoria do clima organizacional.

Do ponto de vista da organização, essas vantagens são fundamentais para aumentar a produtividade dos colaboradores, maximizar os ganhos e manter o bom clima organizacional. A concessão de benefícios reduz a rotação de pessoal e as taxas de absenteísmo, além de atrair outros talentos qualificados, gerando vantagens competitivas.

Os colaboradores são os responsáveis pelas atividades comerciais e operacionais de uma empresa. É por essa razão que, quando a organização tem um quadro de funcionários capacitados, ela consegue entregar resultados melhores em menos tempo e satisfazer seus clientes, bem como construir um ambiente de trabalho mais salutar e agradável.

Investir em benefícios sociais não é apenas um modo de as empresas cumprirem com suas obrigações legais (direitos trabalhistas), mas é também uma forma de desenvolvê-las economicamente e realocá-las em posição de destaque em um ambiente altamente competitivo.

O fator humano e o setor competitivo

As empresas são compostas por diversos tipos de capital, a saber: financeiro, material e humano. As pessoas fazem parte da composição de qualquer organização empresarial, e o sucesso das organizações depende cada vez mais do capital humano, também chamado de fator humano. É por meio dele que se dá a busca por vantagens competitivas e diferenciação no mercado.

Em um ambiente de negócios volátil, complexo e incerto, oriundo de uma competição cada vez mais acirrada por resultados e clientes, programas até então tradicionais de remuneração já não se mostram suficientes. Muitas vezes tornam-se fatores impeditivos ao crescimento das operações e, por consequência, ao sucesso das organizações. Desse modo, as empresas, para se diferenciar e criar vantagens competitivas, foram obrigadas a incorporar novas soluções de remuneração que pudessem direcionar seus funcionários à adoção e à entrega de novos valores, entre os quais o pleno atendimento e relacionamento com clientes, a geração de experiências, o controle efetivo da qualidade em todas as etapas do negócio, os serviços adicionais que geram a fidelização, o trabalho em equipe, a integração entre áreas funcionais, a eficiência que aumenta a produtividade e a eficácia na obtenção de resultados.

O fator humano tem alta relevância para a competitividade empresarial. Nesse sentido, colaboradores devem ser gerenciados de forma criteriosa. Os elementos dos programas relacionados com o desenvolvimento dos indivíduos dizem respeito sobretudo ao alcance do bem-estar pessoal, pelo equilíbrio entre as características do profissional no que se refere ao nível de complexidade do trabalho e os desafios encontrados.

Apesar da importância do fator humano, há muitas empresas que ainda encontram dificuldades na execução de uma gestão adequada de pessoas. Como consequência, essas empresas entram em um ciclo vicioso, uma vez que enfrentam baixos níveis de produtividade e uma rotatividade preocupante, já que boa parte dos colaboradores está sempre em busca de outro emprego.

É certo que se deve valorizar o fator humano para que se conquistem novas posições, mas, para que isso seja efetivo, necessita-se compreender a composição dos fatores que envolvem os colaboradores em suas rotinas de trabalho. Cabe ainda às empresas e seus principais executivos a responsabilidade pelo planejamento de condutas que traduzam a estratégia corporativa e inspirem e motivem seus quadros em busca dos objetivos traçados. Muitas empresas de alto potencial competitivo adotam novos formatos de interação e políticas de vanguarda em gestão de pessoas.

Recursos Humanos como parte da estratégia organizacional

A nova economia é composta por uma acirrada competição entre empresas. Diante disso, o mercado se movimentou e passou a se caracterizar por entrega de valor e satisfação dos clientes, inovação e velocidade de resposta. Com essas novas exigências, fatores essenciais atualmente para a sobrevivência corporativa, executivos precisam efetuar melhores diagnósticos sobre tendências e reorganizar rapidamente suas estratégias. Esse cenário é propício para a aproximação dos gestores de RH com a cúpula da organização, a fim de desenvolver metodologias adequadas à nova realidade.

Por muito tempo, a área de Recursos Humanos foi encarada como um setor de processamento operacional, com políticas predefinidas, estáticas e burocráticas. Com o aumento da competição empresarial, as mudanças constantes nos padrões e nas tendências de comportamento de consumo e, principalmente, o surgimento de novas tecnologias que revolucionaram o mundo corporativo, com a automação de sistemas e o tratamento de dados, o RH encontrou outros desafios e uma nova importância.

"RH estratégico" é um termo para o movimento da área de RH que enxerga os profissionais de maneira estratégica, utiliza dados reais para tomar decisões acertadas e melhora seus processos com tecnologia de ponta. Em um mundo disruptivo, o RH estratégico é visto como fator primordial para o crescimento e a rentabilização dos negócios. De maneira geral, é a gestão integrada e participativa com os demais setores envolvidos no planejamento e nas decisões estratégicas do negócio. O gestor de RH passa a trabalhar com alinhamento entre os objetivos internos do seu setor e os objetivos da empresa como um todo, formando um ciclo fechado, com métricas definidas e controladas. Assim, o RH não mais simplesmente atende às demandas geradas, e sim participa da criteriosa análise e da definição da eventual necessidade de abertura de tais solicitações.

O *know-how* (o "saber fazer" ou o conhecimento organizacional) é uma competência relativamente difícil de ser desenvolvida ou encontrada nas pessoas. Dependendo do setor de negócios em que uma empresa está inserida, os colaboradores se transformam em seus ativos de maior valor. Em um mercado que exige inovação a todo momento, as organizações precisam de pessoas capazes de pensar, criar e gerar soluções. As organizações que conseguirem desenvolver seus colaboradores, isto é, torná-los comprometidos e conscientes dos seus papéis nas empresas, estarão mais próximas de obter melhores resultados e vantagens competitivas. Por trás de marcas e organizações conhecidas, normalmente há um modelo de gestão eficiente. Os bons resultados não acontecem em virtude apenas de altos investimentos, mas também do trabalho de pessoas comprometidas com o que fazem. Sem uma execução correta, a estratégia jamais produzirá os efeitos desejados. Enfim, a capacidade e o "jogo de cintura" em executar determinada estratégia podem ser mais importantes do que a estratégia em si.

É com isso em vista que hoje se dá bastante importância ao RH estratégico, tanto quanto ou até mais do que se dá ao patrimônio financeiro ou material. Com as novas configurações das relações de mercado, o valor real de uma empresa consiste em sua capacidade de identificar possibilidades no mercado, avaliar suas estruturas internas e seu potencial e propor inovações – e tudo isso acontece, principalmente, por meio do capital humano.

Algumas vezes, esse capital é também referenciado como um ativo intangível, já que, em um primeiro momento, não se consegue apurar um valor contábil explícito, porém, do ponto de vista de mercado, ele agrega um valor significativo ao negócio.

O capital humano é contemplado como capital intelectual e ultimamente segue na pauta de grandes negociações que envolvem fusões e aquisições de empresas. Algumas das mais difíceis tarefas das empresas de avaliação e auditoria ocorrem tanto no momento da fixação do valor do negócio quanto no momento em que se busca projetar a rentabilidade dos investimentos feitos com esse capital, por constituir parte bastante significativa do valor de mercado da empresa.

Quando um investidor adquire uma empresa, ele está adquirindo também um conjunto de valores representado por habilidades, competências, talentos e conhecimentos, que fazem parte do ativo intangível, e não apenas edificações, maquinários, sistemas, veículos e os demais equipamentos definidos como tangíveis.

Portanto, cada vez mais, o ativo intangível das organizações assume grande importância em relação ao seu valor real e exige novas formas de planejamento, desenvolvimento, operação e controle. Nesse cenário, o RH estratégico assume seu papel com a missão de gerir bem as pessoas, estreitando laços e atingindo resultados. Com os cenários externos em constante movimento e com os colaboradores como centro das atividades corporativas, o RH estratégico passa ter voz ativa no complexo processo de tomada de decisões.

O direcionamento das ações de RH, agora acompanhadas de um objetivo central coletivo, se dá por meio de algumas importantes funções, como busca do desenvolvimento contínuo dos colaboradores; garantia da motivação destes pelo estabelecimento de sistemas modernos de interlocução, remuneração e benefícios; seleção e contratação de novos colaboradores quando a equipe atual não tiver a experiência ou o conhecimento técnico necessário; e até encontrar recursos físicos para atender a uma demanda ou um projeto específico.

O caminho para o RH estratégico passa obrigatoriamente pela satisfação do colaborador: quanto mais realizado, motivado e feliz, maior a produtividade e, consequentemente, melhores serão os resultados corporativos. Porém, se as ações tomadas gerarem satisfação ao colaborador e não se refletirem em fatores positivos para a empresa, o RH terá deixado de ser estratégico.

Ainda debatendo sobre o escopo do RH estratégico, sendo esse um dos aspectos mais importantes na formação da cultura de uma organização, há de se detalhar a política de remuneração de pessoal. A organização dessa política é tratada por um sistema amplo, que contempla processos como a descrição de cargos, a avaliação de cargos, a gestão da remuneração, a movimentação salarial e a remuneração variável.

Atualmente, o mercado trata como "pacote de remuneração" a composição entre as movimentações salariais e a política de vantagens e benefícios. Esse pacote é elemento essencial tanto na posição competitiva da organização no mercado quanto nas relações da organização com os seus próprios colaboradores.

Ao tratar especificamente sobre gestão da remuneração, busca-se recompensar o colaborador pelo desempenho das suas atividades dentro da organização. Nesse momento, também deve-se levar em consideração a importância dos benefícios, além da maneira como estes complementam os sistemas de remuneração e os impactos que ambos, os quais formam os "pacotes de remuneração", geram nos colaboradores.

Os modelos existentes de sistemas de remuneração, que envolvem desde o tradicional plano de cargos e salários até os diversos tipos de programas de remuneração variável, além das políticas de gestão de benefícios, configuram-se como ferramentas essenciais para se gerir o fator humano de maneira a atingir os objetivos empresariais.

Sistemas de remuneração e a nova economia

Há pouco tempo, quando o ambiente empresarial era menos globalizado e competitivo, era possível atuar com maiores reservas de mercado e secundarizar os sistemas de tecnologia, pois não havia grandes preocupações em fidelizar os colaboradores. Pequenos reajustes na remuneração satisfaziam o funcionário. Esse cenário era formado por poucas empresas e havia mão de obra abundante, pouco qualificada e com poucos direitos. No Brasil, até pelo menos o ano de 1985, a remuneração do funcionário não cobria nem os seus custos de transporte; no máximo eram cobertos aqueles relativos à alimentação e, eventualmente, aposentadoria complementar.

Hoje, com o mundo cada vez mais internacionalizado e interligado, o cenário mercadológico é muito mais amplo e competitivo. A revolução ou disrupção tecnológica pela qual passamos nos últimos vinte anos impôs novos modelos de planejamento e de operações corporativas, reformulando toda a estrutura cultural, a concepção de valor do trabalho e de práticas que se tinha em relação ao universo corporativo. Para o colaborador do século XXI, o reajuste de salários e/ou a cobertura de custos já considerados básicos, como a alimentação e a aposentadoria, não são mais suficientes ou mesmo atrativos.

O reconhecimento do trabalho executado e da distinção de capacidades é esperado, e deseja-se que seja convertido em recompensas e benefícios. Por isso, atualmente o mercado se municia de estratégias que tencionam superar a desmotivação dos funcionários, aumentar a produtividade, obter vantagens competitivas em relação a outras empresas e agregar valores institucionais, profissionais e pessoais. Para atender a esse propósito, os sistemas de remuneração tiveram que evoluir e se adaptar às necessidades competitivas advindas do alvorecer dos nossos tempos.

O sistema de remuneração é considerado por muitos colaboradores um dos principais aspectos que definem as melhores empresas e os melhores empregos. Na visão corporativa, por sua vez, diante das exigências de um público consumidor em constante mutação e da competição desenfreada por melhores produtos, serviços e condições impostas pelo mercado e seus *players*, o capital humano se configura como vantagem competitiva e passa a ser cada vez mais valorizado. É nesse contexto que se encontra a importância de um sistema de remuneração ajustado às necessidades de manutenção e crescimento das corporações de acordo com as demandas atuais.

Outro aspecto relevante a ser abordado é a motivação em ambientes profissionais. Em linhas gerais, a motivação já se constitui como um dos fatores decisivos em cenários competitivos e complexos. Rapidamente se redefine o que será oferecido para motivar funcionários com performance superior, que entregam resultados notadamente mais elevados, com comprometimento com metas, prazos, indicadores e que necessitam do reconhecimento empresarial através da incidência de maiores ganhos, quer seja por salário, benefícios ou premiações. O maior enfoque dos sistemas de remuneração deve estar justamente no valor a ser conferido aos profissionais ou qual "pacote" o mercado estaria disposto a pagar por um profissional qualificado que de fato entregue resultados diferenciados, provocando significativas mudanças no ambiente de trabalho.

A remuneração ocorre no ambiente em que se dá a troca entre colaborador e empresa. Dessa forma, o colaborador dispõe de sua mão de obra, seu tempo, sua mente criativa e seu desempenho para receber um montante da empresa, que, por sua vez, dispõe do capital, da marca e dos meios de produção. É claro que os valores dessa troca são baseados em pressupostos subjetivos, uma vez que é bastante complexo mensurar o valor do tempo (relativo), da mão de obra (tendo em conta o tempo gasto em especializações, estudos e experiências), bem como do capital (formas e tempo de acumulação de riqueza) e da marca (ideias, inovação, patente), por exemplo.[128]

Assim, a remuneração é um processo que envolve variadas formas de pagamento aos colaboradores decorrentes do valor subjetivo do seu trabalho, ou seja, é o "pacote de recompensas" quantificáveis que o colaborador recebe pelo que faz. Com base nisso, uma das funções do gestor é aumentar a produtividade do trabalhador, utilizando um recurso aparentemente simples, que é a motivação obtida por meio da remuneração adequada e da concessão de benefícios.

O equívoco reside na ideia de que salário e remuneração são sinônimos. Como pudemos reflexionar, há uma distinção clara e essencial entre os termos. A primeira diferença é que o salário diz respeito somente ao pagamento em dinheiro, enquanto a remuneração engloba outros incentivos e benefícios variáveis além do montante mensal ou anual, como transporte, alimentação, participação em ações, previdência privada, bonificações por resultados, moradia e vestuário. Assim, o conceito de remuneração vai muito além da ideia simples de troca ou concessão de dinheiro pelos serviços executados.

Ele pode, ainda, se traduzir em recompensas financeiras e recompensas não financeiras. Quando falamos em recompensas não financeiras, trata-se dos aspectos imateriais e abstratos dos seres humanos, como o orgulho, a autoestima, o reconhecimento, a segurança no emprego e a satisfação ligados ao bem-estar dos colaboradores. Sendo assim, no conceito de remuneração está incluído todo e qualquer tipo

---

[128]. Sobre o valor subjetivo nos termos da economia, ver: Steven Horwitz, "Money and the interpretative turn". *Symposium: Canadian Journal of Continental Philosophy/revue Canadienne de philosophie continentale*, pp. 249-266, 2004; Carl Menger, *Princípios de economia política*. São Paulo: Lebooks, 2017; "Trabalho e salários". In: Ludwig von Mises, *Ação humana: um tratado de economia*. São Paulo: LVM Editora, 2011.

de pagamento que a empresa faz a seus colaboradores em decorrência do desempenho das atividades realizadas. A remuneração pode ainda ser classificada como direta ou indireta. A remuneração direta é aquela em que se inserem salário, prêmios, incentivos e comissões. Já a remuneração indireta inclui o descanso semanal remunerado (DSR), férias, gratificações, gorjetas, horas extras, 13º salário e benefícios.

Por fim, sistemas de remuneração são metodologias destinadas a garantir estabilidade para os colaboradores das empresas, bem como potencializar melhores performances, reduzindo o absenteísmo e a taxa de rotação de pessoas (*turn-over*), e consistem em uma das maiores responsabilidades do setor de RH, pelo subsetor de cargos e salários. Além de tudo o que foi já exposto, os sistemas de remuneração constituem-se em uma importante ferramenta na atração e na retenção de colaboradores, fator de influência direta na motivação e na performance, além de serem um dos principais custos empresariais. Um bom sistema é aquele que é equivalente ao da concorrência ou o supera, sendo plenamente perceptível e valorizado por seus colaboradores atuais ou potenciais de mercado.

Algumas considerações antes de pormenorizarmos os tipos de remuneração:

- Um bom sistema de remuneração deve ser estruturado a partir do equilíbrio interno (hierarquia de cargos) e do equilíbrio externo (mercado).
- Deve estar apoiado numa política clara de gestão, de modo a permitir uma avaliação de cargos e salários baseada em critérios técnicos, atração e retenção de mão de obra e, ainda, na melhoria do clima organizacional, levando a marcantes índices de produtividade.

- Deve ainda estabelecer remuneração condizente, em busca do equilíbrio interno e externo da sua estrutura de cargos e salários (salário fixo) e de sistemas que recompensem também o ocupante do cargo pelo seu desempenho na participação e/ou contribuição no alcance dos resultados (salário variável), bem como de benefícios que complementem os itens anteriores.

Remuneração estratégica

A partir do momento em que o sistema de remuneração se configura como uma das estratégias utilizadas para preservar a posição competitiva da empresa no mercado, é importante conhecer seus principais tipos e avaliar qual deles se encaixa melhor no perfil e no momento da organização.

A remuneração estratégica é um conceito relativamente novo. Seu principal foco está no indivíduo, e não mais no cargo ocupado. Essa metodologia incentiva o trabalho em equipe, busca maior qualidade e estimula a produtividade e custos menores, objetivando conferir maior autonomia aos colaboradores no processo de tomada de decisões.

Sistemas de remuneração estratégica são um conjunto de metodologias que têm a finalidade de remunerar os colaboradores representando um elo entre os indivíduos e a nova realidade das empresas. A remuneração estratégica deve considerar os cenários em que a empresa está inserida, levando em conta suas características, potencialidades, pontos a melhorar, bem como os planejamentos atuais e futuros. Os colaboradores sentem-se mais motivados e valorizados quando são bem remunerados, maximizando sua contribuição individual para o sucesso da empresa no atingimento dos seus objetivos.

Vale ainda ressaltar a importância da retenção de talentos em um ambiente competitivo no qual o capital humano traduz-se muitas vezes no principal diferencial. Nesse sentido, um sistema de remuneração eficaz deve conceder atenção especial à avaliação das condições dos colaboradores considerados peças-chave. Concorrentes procuram permanentemente tais profissionais, e a fórmula eficaz para retê-los deve se basear em um composto de remuneração atrativo.

Pode-se avaliar um sistema de remuneração pela seguinte composição:

- Remuneração fixa: salário mensal, férias, 13º salário, seguro de acidente de trabalho.
- Remuneração variável: premiações, participação nos lucros, programas de ações.
- Benefícios: Vale-Transporte, Vale-Refeição, auxílio-alimentação, cestas básicas, assistência à saúde e odontológica, auxílio-educação, empréstimos, previdência privada, entre outros.

De maneira geral, a remuneração estratégica é uma forma de estabelecer maior vínculo entre as empresas e seus colaboradores. Nesse tipo de abordagem recente, pressupõe-se que colaboradores são motivados por diferentes tipos de incentivos, podendo ser salário, satisfação no cargo e na empresa, metas a alcançar, necessidade de autorrealização etc. Nesse sentido, o sistema a ser adotado deve seguir uma estratégia flexível que esteja de acordo com processos personalizados, já que a política adotada pela organização considera as diferenças individuais e de desempenho de cada indivíduo.

É nessa abordagem que a remuneração variável se encaixa, porque se baseia nas metas e nos resultados conquistados pelos colaboradores.

O seu foco é o desempenho futuro e os valores flexíveis e variáveis. O sistema pode, então, se basear em uma parte remuneratória estável e em uma outra que sofre variações de acordo com o critério e o perfil a serem considerados. Abordaremos a seguir, mais especificamente, cada tipo remuneratório, com a finalidade de demonstrar as possibilidades dos rendimentos e a variedade de critérios a se considerar.

Remuneração funcional

O sistema de remuneração funcional, ou por cargos, ainda é o mais tradicional, com maior divulgação e o mais utilizado no mercado. Popularmente conhecido como PCS (Plano de Cargos e Salários), esse sistema se baseia na descrição do cargo, na avaliação de cargos, nas faixas salariais, na política para administração dos salários e na pesquisa salarial. É estabelecido de acordo com os cargos que os colaboradores *a priori* assumirão dentro da organização, com base na remuneração praticada no mercado de trabalho e nas condições financeiras da empresa.

O PCS é altamente sugerido para aquelas empresas que passaram a operar em novos mercados e aquelas que experimentaram processos de vertiginoso crescimento ou consideráveis transformações em um curto período, pois, em situações como essas, há uma grande probabilidade de ocorrer em generalizadas desordens estruturais. A remuneração funcional é implantada em conjunto com um sistema de cargos e salários para a adoção de conceitos que ajudarão a promover o equilíbrio interno.

O sistema de remuneração funcional promove dois tipos de equilíbrio:

- O equilíbrio externo, que consiste na adequação dos salários da empresa aos valores praticados no mercado, a partir de pesquisas salariais.
- O equilíbrio interno, que ocorre após a avaliação de todos os cargos e a aplicação de uma regra geral para estabelecimento dos salários, gerando um sentimento de justiça entre os colaboradores.

Compete relatar que uma das grandes vantagens ao se implantar o sistema de remuneração funcional nas organizações é que esse modelo contribui positivamente para o planejamento e o controle financeiro, além de garantir uma visão atualizada e mais racional do mercado em que se está ou se pretende atuar.

Remuneração por habilidades e competências

Categoria na qual a remuneração é paga em função do conhecimento ou das habilidades certificadas dos colaboradores. A definição de habilidade se dá pelo conjunto de conhecimentos que podem ser formalmente apreendidos e aqueles baseados na aptidão pessoal.

Nesta categoria, os aumentos salariais estão vinculados sempre ao critério de certificação, ou seja, os colaboradores devem demonstrar o domínio dos conhecimentos exigidos para desempenhar as funções inerentes ao cargo. O tempo de permanência no cargo não representa um fator relevante para o aumento salarial; o mais importante é a capacitação dos profissionais.

A composição do sistema por habilidades se dá por um conjunto composto por competências, carreira, avaliação salarial, evolução salarial, treinamento, desenvolvimento e certificação das competências. O foco, nesse caso, é a pessoa, e não propriamente a função, o que inicialmente promove o desenvolvimento individual. A gestão de RH assume um papel mais estratégico do que prático na empresa quando tem de avaliar a remuneração por habilidade.

A categoria de remuneração por competências ganhou espaço em função de fatores externos e recentes, por exemplo, o crescimento do setor de serviços, as crescentes modificações de padrões e tecnologias, o aumento da demanda por profissionais qualificados, a implantação de sistemas mais flexíveis combinada à redução de estruturas hierárquicas rígidas e, por fim, a popularização desse conceito em si.

Diante desse cenário, muitas empresas iniciaram pesquisas em busca de melhores aplicações e do entendimento das competências ideais, procurando identificar o conhecimento e o perfil que os colaboradores deveriam ter para lidar com o mercado atual.

Em suma, competência é relativa a conhecimento, ou seja, a tudo aquilo que pode ser formalmente apreendido: habilidades (embora possam ser adquiridas por estudo formal, necessitam de aptidão pessoal) e atitudes (postura/comportamento de que o profissional necessita para o exercício do cargo). O sistema de remuneração por competências, normalmente, é mais aplicável aos níveis gerenciais, e sua implementação faz com que haja mudanças significativas no modelo de gestão e no estilo gerencial, ao mesmo tempo que funciona como catalisadora dessas mudanças.

Remuneração variável

A remuneração variável ocorre por meio da concessão de complementos ou outras formas de recompensas oferecidas aos colaboradores acrescidas ao salário (remuneração fixa) de acordo com fatores como atitude, comportamento, desempenho e outros que possam ser considerados diferenciais para a empresa. Algumas práticas classificadas como remuneração variável:

- *Remuneração por resultados*: o Programa de Participação nos Lucros e Resultados (PLR) é uma forma de remuneração variável, utilizada mundialmente pelas empresas por cumprimento das estratégias das organizações. Este programa procura alinhar as estratégias organizacionais com as atitudes dos colaboradores dentro do ambiente de trabalho, uma vez que a distribuição dos lucros só se concretizará quando algumas metas preestabelecidas forem atingidas, medidas e relatadas. Já a participação nos resultados relaciona-se ao direito dos colaboradores a um percentual preestabelecido do resultado econômico caso sejam atingidas metas organizacionais, como metas de vendas, reduções de custos operacionais e de logística, redução do número de devoluções de mercadorias etc.
- *Participação acionária*: a participação acionária se configura como um dos sistemas mais complexos de remuneração estratégica. Este sistema pode gerar à organização e aos funcionários bons resultados em médio e longo prazo quando bem formatado. Nele, os colaboradores são tratados, de certo modo, como proprietários da empresa, participando de suas ações, focando em uma relação de longo prazo, passando a ter um senso de identidade, comprometimento e orientação para resultados. Por ser tão sofisticada, é preciso tomar bastante cuidado com a implantação desse tipo de remuneração, tendo, entre outros fatores, um projeto muito

bem elaborado para não criar expectativas infundadas ou gerar problemas à organização e aos colaboradores.

Em ambos os formatos de remuneração variável apresentados, o desempenho dos colaboradores se torna o fator primordial a ser analisado na concessão, ou seja, os complementos são disponibilizados de acordo com os resultados obtidos durante o período verificado.

Os objetivos da aplicação desse tipo de sistema de remuneração são incentivar a competitividade voltada à performance de resultados, criar vínculos entre o desempenho e a recompensa (mérito) e compartilhar os resultados, colocando o colaborador como parte fundamental da estrutura e dos lucros da empresa.

Para isso, o RH leva em consideração alguns fatores organizacionais e burocráticos vistos como determinantes (estratégias gerais, diretrizes de gestão, comportamento organizacional, metas e objetivos, formalização da expectativa de resultados), os indicadores de desempenho (qualitativos, quantitativos ou comportamentais) e as formas de recompensa (remuneração com base em metas, tempo e desempenho, por exemplo).

As vantagens desse critério avaliativo são o reforço da cultura participativa e do trabalho em equipe; a melhora da supervisão dos trabalhos; a criação de uma visão mais abrangente do negócio e dos sistemas; a busca incessante pela melhoria da qualidade e pela redução de custos; o incentivo aos processos de inovação de produtos, processos e gestão; a redução da resistência a mudanças; o aumento da pressão dos funcionários por sistemas de gestão mais eficazes; o aumento da compreensão da natureza do negócio; além do reforço da importância da convergência de esforços e do trabalho conjunto.

Por fim, as estratégias do sistema de remuneração variável criam e fortalecem a cultura interna de meritocracia e os resultados e a superação de objetivos, blindando os colaboradores do assédio da concorrência em momentos de aquecimento econômico.

Alternativas criativas

Existem, ainda, algumas alternativas criativas de remuneração dos funcionários que visam promover um vínculo imediato entre o fato gerador e o reconhecimento. Os projetos partem dos próprios gestores, que, com criatividade, desenvolvem campanhas diferenciadas que tencionam contagiar os colaboradores com performance diferenciada.

Reconhecimento, feedback e orientação são fatores muito importantes para os colaboradores, já que existe uma relação direta entre motivação, recompensa e desempenho.

O reconhecimento pode ser de natureza social, simbólica, do ofício ou financeira. Os reconhecimentos sociais têm a forma de agradecimento, anúncios públicos, cartas de reconhecimento, cerimônias de comemoração etc. Os simbólicos são no sentido da concessão de ingressos para eventos esportivos ou culturais, temporadas em resorts, festas ou presentes materiais. Os relacionados ao ofício são, por exemplo, promoções e participações em projetos especiais, mudança de cargos e aumentos salariais. E, por fim, os financeiros apresentam-se em forma de bônus, prêmios em espécie, participação em ações da empresa, entre outros.

Remuneração por salário indireto

A expressão "salário indireto" está ligada aos benefícios concedidos e anexados aos vencimentos dos colaboradores, representando muitas vezes uma parcela considerável da remuneração total. Fazem parte deste item: assistência médica e odontológica, diferentes tipos de seguros, vale-transporte, vale-alimentação, vale-refeição, convênio, cestas básicas, academia de ginástica, bolsas acadêmicas, estacionamento, auxílios financeiros, previdência privada, lazer e auxílio-moradia, por exemplo.

Entretanto, muitas vezes os benefícios são oferecidos sem alternativa de escolha por parte do colaborador, o que pode acarretar situações de abandono e não utilização dos benefícios. Se pensados com racionalidade e competência, visando a redução e otimização dos custos, os benefícios podem ser incentivos determinantes para que o colaborador permaneça motivado na empresa e não busque outras ofertas de trabalho em concorrentes. Dessa forma, funcionam também como fator de atração caso a organização conte com um excelente pacote de vantagens.

Devido a sua importância e à ligação direta com o tema deste livro, a gestão de benefícios será abordada de maneira mais detalhada nos próximos tópicos.

Conhecendo o sistema de benefícios

Benefícios são facilidades, conveniências ou vantagens que colaboradores recebem das empresas, gerando estímulos para que se sintam mais motivados. Podem ser financiados parcialmente ou totalmente pelas empresas.

Os benefícios têm história recente e estão intimamente relacionados com a gradativa conscientização da responsabilidade social da organização. As origens e o crescimento acelerado dos planos de benefícios devem-se à maior exigência dos empregados e dos sindicatos quanto aos benefícios sociais e às negociações coletivas. Estes, por sua vez, estão assegurados pela legislação trabalhista e previdenciária prevista pela Constituição Federal.

Hoje, o próprio mercado incentiva a competição entre as organizações na disputa pelos recursos humanos disponíveis, para atrair funcionários mais qualificados ou para manter os bons funcionários. Pode-se então afirmar que benefícios são todos os aspectos indiretos que entram na composição da remuneração total dos funcionários. Podem ser considerados devidos ou não diante de sua obrigatoriedade perante a legislação trabalhista.

Além do salário propriamente dito, é comum as empresas oferecerem aos seus empregados o que se chama de *pacote de benefícios*, que, em resumo, são facilidades, conveniências, vantagens e serviços com o objetivo de poupar esforços e diminuir as preocupações rotineiras dos empregados – tanto em relação às situações internas quanto em relação aos aspectos que vão além do ambiente da empresa. Esses benefícios podem ser pagos total ou parcialmente pela organização e constituem meios indispensáveis para a manutenção da força de trabalho satisfeita e para garantir a produtividade.[129]

O sistema de benefícios configura-se, portanto, como um conjunto de ações alinhadas à estratégia da empresa, que objetivam a motivação pessoal, a atração e a retenção de colaboradores, bem como o aumento da produtividade dos colaboradores e, logo, da própria organização.

Os funcionários, por sua vez, desenvolvem mais suas habilidades e seus conhecimentos na realização de suas funções quando os incentivos

---

129. Idalberto Chiavenato. *Gestão de pessoas: o novo papel dos recursos humanos nas organizações*. São Paulo: Campus, 2004.

estão vinculados aos resultados, encorajando-os a trabalhar em conjunto, como uma equipe. Colaboradores satisfeitos com seu trabalho e que se sentem respeitados e reconhecidos por aquilo que desenvolvem tornam-se parceiros de negócio. Eles conseguem ir muito além das suas obrigações e se preocupam com a performance e com o andamento dos negócios da empresa.

Além do bem-estar dos funcionários, a motivação é outro fator primordial para o bom andamento das operações. Profissionais desmotivados podem ter a performance comprometida e reduzir a produtividade e os resultados apresentados, já que, na maior parte das vezes, não criam vínculos com a empresa e acabam realizando apenas o essencial, sem ampliar sua visão ou se preocupar com o desenvolvimento do negócio em si. Por outro lado, uma empresa que utiliza motivação, premiações, colaboração, reconhecimento, integração com a família e respeito consegue obter muito mais dos colaboradores e superar as expectativas em termos de reconhecimento e resultados.

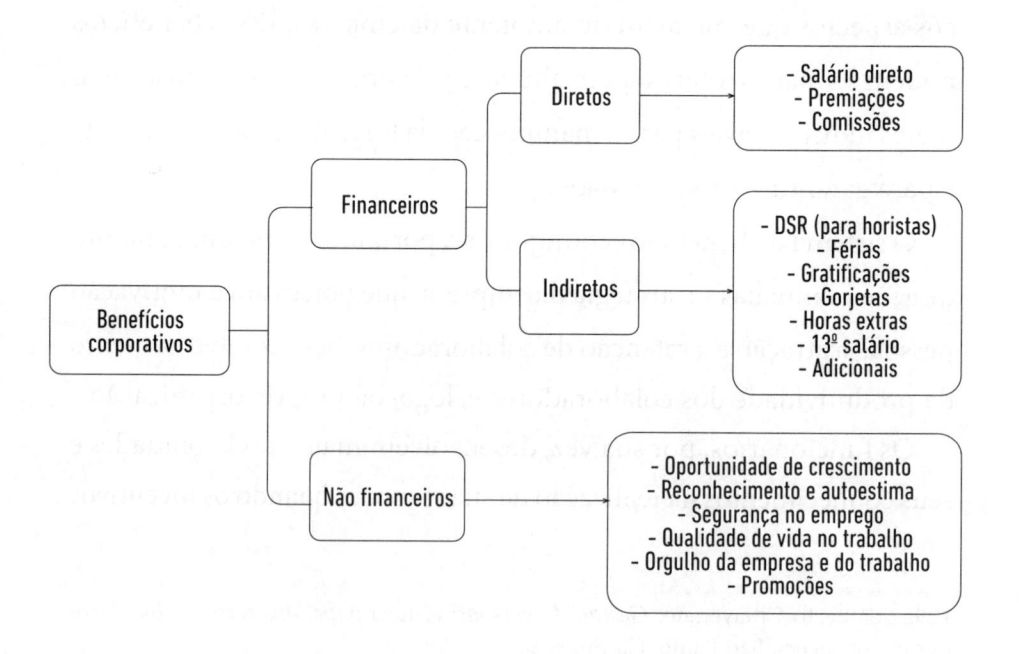

```
Benefícios corporativos
├── Financeiros
│   ├── Diretos
│   │   - Salário direto
│   │   - Premiações
│   │   - Comissões
│   └── Indiretos
│       - DSR (para horistas)
│       - Férias
│       - Gratificações
│       - Gorjetas
│       - Horas extras
│       - 13º salário
│       - Adicionais
└── Não financeiros
    - Oportunidade de crescimento
    - Reconhecimento e autoestima
    - Segurança no emprego
    - Qualidade de vida no trabalho
    - Orgulho da empresa e do trabalho
    - Promoções
```

Para fins didáticos, os planos de benefícios sociais podem ser classificados de acordo com (1) sua exigência, (2) sua natureza e (3) seus objetivos:

1) Quanto a sua exigência:

Os planos podem ser classificados em legais ou espontâneos, conforme a sua exigibilidade:

- *Benefícios legais*: são os benefícios exigidos pela legislação trabalhista, previdenciária ou por convenção coletiva entre empresas e sindicatos, como: salário; férias remuneradas; aposentadoria; Vale-Transporte; seguro contra acidentes de trabalho; auxílio-doença; salário-família; salário-maternidade; horas extras; adicional por trabalho noturno etc. Alguns desses benefícios são pagos pela empresa, enquanto outros são pagos pelos órgãos previdenciários.
- *Benefícios espontâneos*: são os benefícios concedidos por liberalidade das empresas, uma vez que não são exigidos por lei nem por negociação coletiva. Incluem, por exemplo: gratificações; seguro de vida em grupo; refeições; empréstimos; planos de saúde e odontológicos; vale-cultura; auxílio-moradia; e complemento de aposentadoria.

2) Quanto a sua natureza:

Os planos podem ser classificados em monetários ou não monetários:

- *Benefícios monetários*: são os benefícios concedidos em dinheiro, em folha de pagamento e gerando encargos sociais decorrentes de seu pagamento: 13º salário; férias; aposentadoria; complemento de aposentadoria; gratificações; planos de empréstimos; complemento de salário decorrente de afastamentos prolongados por doenças; reembolso ou financiamento de remédios.
- *Benefícios não monetários*: são os benefícios oferecidos na forma de serviços, vantagens ou facilidades para os usuários, a saber: refeitórios; assistência médico-hospitalar e odontológica; serviço social e aconselhamento; clube ou grêmio; seguro de vida em grupo; Vale-Transporte ou qualquer outro tipo de transporte contratado que faça o itinerário casa-empresa e empresa-casa; horário flexível de entrada e saída do trabalho.

3) Quanto a seus objetivos:

Os planos de benefícios podem ser classificados em:

- *Planos assistenciais*: são os benefícios que visam oferecer ao empregado e a sua família determinadas condições de segurança e previdência em casos de imprevistos ou emergências, que muitas vezes ocorrem fora do controle do colaborador.

- *Planos recreativos*: são serviços e benefícios que visam proporcionar ao empregado condições de repouso, diversão, recreação, higiene mental ou lazer construtivo. Em alguns casos, esses benefícios também se estendem à família do empregado.

- *Planos supletivos*: são serviços e benefícios que visam proporcionar aos empregados certas facilidades, conveniências e utilidades para melhorar sua qualidade de vida. Os planos supletivos constituem facilidades que, caso não sejam oferecidas pela empresa, têm de ser providas pelo próprio empregado.

Gestão de benefícios e o Vale-Transporte

Expostos os modelos existentes dos diferentes sistemas de remuneração, demonstramos que podem corresponder ao tradicional plano de cargos e salários até os mais diversos tipos de programas remuneratórios. Nesse ponto, fez-se incontornável dissertar sobre esses benefícios e a área gestora (RH), pois esta constitui órgão fundamental para administrar com logicidade o fator humano no mundo corporativo.

Gestores devem estar preparados para, desde o momento do recrutamento de um colaborador, explanar sobre a política de benefícios oferecida pela empresa, além de especificar os valores envolvidos nessa relação. Manter o colaborador informado faz com que ele se sinta engajado e entenda as vantagens que a companhia oferece diante das concorrentes. Caso ocorram eventuais mudanças na oferta de benefícios, estas devem ser apresentadas ao funcionário antes que a empresa tome qualquer ação.

Os benefícios são direcionados para os colaboradores, então não há ninguém melhor do que eles para dizer quais são as suas preferências e prioridades. Nem sempre será possível atender a todas as solicitações, porém considerar a opinião da equipe no momento da escolha dos incentivos que a empresa pretende oferecer garantirá um sentimento positivo de participação.

Independentemente de qual será a política adotada ou desenvolvida pela empresa e por seus gestores, como já explicitado anteriormente, existem os benefícios que podem ser classificados quanto à sua exigibilidade legal, quanto à sua natureza e quanto aos seus objetivos. Neste ínterim, trataremos da gestão do benefício do Vale-Transporte, visando auxiliar o setor de RH a otimizar os seus resultados quando da concessão desse benefício.

Dentro do conceito de exigibilidade legal, o Vale-Transporte se destaca por ser considerado um dos benefícios mais importantes para os trabalhadores do ponto de vista social. O VT é o benefício que garante, principalmente ao trabalhador de baixa renda, o seu deslocamento ao trabalho e o retorno para casa. Toda organização é obrigada por lei a fornecer tal benefício, e é terminantemente proibido substituí-lo por dinheiro. É uma das grandes conquistas dos trabalhadores brasileiros, mas no início a concessão do benefício ainda era facultativa, tornando-se obrigatória cerca de dois anos após a sua instituição; e hoje é a principal fonte de financiamento para a operação de transporte urbano em todo o país, sendo responsável por quase 50% do faturamento do setor, conforme dados disponibilizados por pesquisas realizadas pela Associação Nacional das Empresas de Transporte Urbano (NTU).[130]

Sob o prisma dos trabalhadores, a instituição do Vale-Transporte foi de grande importância social, porque esse benefício foi capaz de estabilizar as tarifas em períodos de forte inflação. Além disso, o VT contribuiu para o fortalecimento econômico do país, com a queda dos índices de absenteísmo do trabalho nas empresas.

---

130. Associação Nacional das Empresas de Transportes Urbanos - NTU, "Vale-Transporte: 20 anos de história". In: Pesquisa do Vale-Transporte, dez. 2005. Disponível em: https://www.ntu.org.br/novo/upload/Publicacao/Pub635109681642056016.pdf. Acesso em: 28 out. 2020.

Mas, acima de todas as características citadas anteriormente, o Vale-Transporte se tornou uma forte ferramenta de redistribuição de renda no país. Explica-se: trabalhadores pertencentes às classes sociais mais baixas e com menores rendas antes gastavam até 30% de sua remuneração total com transporte. Com o advento do VT, passaram a gastar apenas a participação de 6% sobre seus salários brutos, o que por si só caracteriza a magnitude dessa medida em um país onde cerca de 50% das famílias vivem com menos de três salários mínimos.

A despeito de todos os aspectos positivos conquistados com o advento do Vale-Transporte, as empresas ainda enfrentam algumas dificuldades na gestão e na otimização do uso desse benefício por seus funcionários: dificuldades em agilidade da informação, suporte técnico e auditoria, bem como em utilizar a tecnologia para autogestão, otimizar tempo e reduzir custos. Alguns funcionários, por exemplo, optam por abrir mão do benefício (em favor do carro) ou realizam trajetos mais longos e complicados que poderiam ser otimizados em tempo e custo – trazendo mais qualidade de vida ao trabalhador.

Uma saída alternativa e que tem mostrado bons resultados às empresas adeptas, principalmente aquelas que não possuem em seu setor de RH as condições técnicas para gerir o benefício, é a de terceirizar o atendimento direto ao usuário do Vale-Transporte. Outras empresas parceiras que prestam esse tipo de serviço utilizam ferramentas que validam e apresentam, no ato da contratação, a melhor rota para o colaborador. Lançam mão, igualmente, de sites customizados no ambiente da empresa cliente, centralizando a compra de todos os benefícios em uma só plataforma.

Atendimento personalizado e ferramentas como a roteirização de itinerários de transporte e a gestão de saldos e créditos de VT não utilizados são alternativas às empresas e às gestoras de RH, que, ao terceirizar o serviço, garantem a liberdade de escolha do colaborador sem comprometer sua qualidade de vida e sua produtividade. Além disso, geram economia e redução de custos para a própria empresa, sem negligenciar o direito dos trabalhadores ao benefício.

Para que isso seja possível, no entanto, algumas afirmações infundadas devem ser desmitificadas sobre o benefício do Vale-Transporte. O conhecimento do funcionamento legal e operacional desse benefício é uma segurança para gestores de RH, trabalhadores e usuários no geral. O capítulo a seguir apresenta mitos e verdades sobre esse benefício, analisando de forma sucinta todas as temáticas abordadas anteriormente, com a intenção, portanto, de sumarizá-las, a fim também de permitir aos leitores realizar consultas rápidas, informativas e práticas.

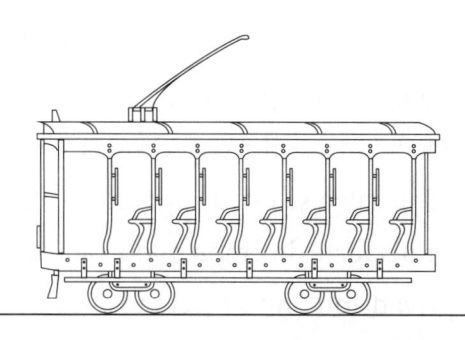

7. O VALE-TRANSPORTE NA COMPOSIÇÃO DA MODERNA GESTÃO DE PESSOAL

Hoje, na perspectiva do tempo, vejo o Vale-Transporte como o mais importante direito social depois da Consolidação das Leis do Trabalho. Ele é um instrumento de redistribuição de renda perfeito, pois toda a sociedade participa do processo, através da diluição de seu custo por bens e serviços socialmente produzidos. Sua filosofia teve inspiração num dos princípios do socialismo utópico: exigir de cada um conforme sua capacidade e dar a cada um de acordo com sua necessidade.
Darci Norte Rebelo [131]

---

131. Darci Norte Rebelo, *A história do Vale-Transporte: crônicas*. Brasília: Associação Nacional das Empresas de Transportes Urbanos, 2012, p. 29.

O Vale-Transporte, em suma, constitui o benefício que o empregador antecipa ao trabalhador para utilização efetiva em despesas de deslocamento residência-trabalho e vice-versa. Trata-se de uma obrigação do empregador, salvo se este proporcionar, por meios próprios ou contratados, o transporte do empregado, oferecendo opções como veículos de frota privada ou ônibus fretados.

Ainda hoje, 35 anos após a instituição do benefício, muitos empregadores e empregados possuem dúvidas relativas ao funcionamento do Vale-Transporte. Alguns empregadores questionam, por exemplo, se é realmente necessário fornecer o VT para quem pode ir a pé para o trabalho ou para quem utiliza o automóvel. Embora a legislação não se manifeste claramente sobre esse aspecto, ela afirma que, uma vez comprovada a necessidade e tendo o colaborador formalizado a opção de receber o VT, ele deverá invariavelmente ser concedido.

Por outro lado, a lei é clara em dizer que o benefício deve ser usado somente para a locomoção ao trabalho. Ou seja, se a empresa descobrir que o valor investido para essa finalidade está sendo usado para outros fins, ela pode suspender ou até mesmo demitir o colaborador por justa causa.

Ademais, a Lei 7.418/85 dispõe que o empregador participará dos gastos de deslocamento do trabalhador com uma ajuda de custo equivalente à parcela que exceder 6% de seu salário básico, ficando o pagamento da diferença desse valor a cargo do empregador.

Quanto à diferença entre o custo total do VT e o valor máximo a ser descontado do empregado, a legislação trabalhista estabelece que:

- não tem natureza salarial, nem se incorpora à remuneração para quaisquer efeitos;

- não constitui base de incidência de contribuição previdenciária ou de FGTS;
- não se configura como rendimento tributável do trabalhador.

Até 2006, a Medida Provisória 280/2006 permitia o pagamento do benefício em pecúnia (dinheiro). No entanto, esta MP foi convertida na Lei 11.311/2006, a qual vetou a alteração do artigo 4º da Lei 7.418/85, mantendo a proibição da concessão do VT em dinheiro.

Embora a legislação estabeleça que o fornecimento do VT não tem natureza salarial nem constitui remuneração para base de cálculo de INSS, FGTS ou IRPF, é vedado ao empregador substituir o VT por antecipação em dinheiro. O benefício somente poderá ser pago em dinheiro se houver insuficiência de estoques de Vale-Transporte (por parte dos emissores) necessários ao atendimento da demanda e ao funcionamento do sistema.

Portanto, só caberá o pagamento em dinheiro se o empregado tiver efetuado, por conta própria e por insuficiência de estoque do emissor, a despesa para seu deslocamento, situação na qual o colaborador deverá ser ressarcido pelo empregador. Mesmo assim, a jurisprudência reconhece que, em alguns poucos casos, em acordos e convenções coletivas muito específicas, se respeitados os limites determinados por lei e a não vinculação ao salário, o VT pode, sim, ser pago em dinheiro.

No entanto, não havendo previsão em acordo ou convenção coletiva, o pagamento habitual do Vale-Transporte em dinheiro, e não por meio de vales, tem natureza salarial e o seu valor deve ser incluído no salário de contribuição para efeito de cálculo de INSS, FGTS e IRPF, bem como servir de base para cálculo de férias e 13º salário.

O trajeto do Vale-Transporte: emissão, distribuição e arrecadação

Como estudamos ao longo destas páginas, o Vale-Transporte pode ser utilizado em todos os tipos de transporte coletivo público urbano, intermunicipal e interestadual em linhas regulares e com tarifas fixadas por autoridades competentes locais.

Essas autoridades, normalmente, são as responsáveis pelos processos de emissão, distribuição e arrecadação do VT que circulará pelo mercado. Tais autoridades podem ser representadas por secretarias de governo, autarquias, sindicatos ou associações de empresas de transporte via concessões ou até por empresas regionais de transporte, dependendo da legislação vigente no município ou no estado.

No que tange a sua emissão, anteriormente, as metodologias de controle de fabricação dos vales e lançamento no mercado seguiam tendências similares às de casas da moeda de alguns países. A impressão em papel especial se dava por meio de módulos de segurança com lotes seriados, marcas d'água e selos holográficos, além de controles operacionais quanto aos itens em trânsito ainda não recolhidos. Após a revolução dos modelos conhecidos suscitada pela criação da bilhetagem eletrônica, atualmente a emissão se dá em cartões eletrônicos pela geração sistêmica de créditos em ambientes tecnológicos controlados, dotados de módulos de segurança e criptografia, com infraestrutura confiável no que tange à disponibilidade de atuação e blindagem contra eventuais ataques cibernéticos.

Já para efeitos de distribuição, segundo a legislação, os órgãos emissores são responsáveis por disponibilizar pontos físicos nas regiões de atuação, constituídos por postos públicos ou lojas com estruturas estabelecidas e suficientes para a comercialização dos vales, o atendimento de dúvidas e a resolução de ocorrências, sem a cobrança de qualquer taxa específica para a viabilização dessas atividades.

Com o advento da internet alinhado ao da bilhetagem eletrônica, ambientes virtuais de relacionamento com empresas distribuidoras e clientes, as chamadas lojas virtuais, garantiram maior comodidade, porém com a cobrança de taxas administrativas que justificam tal nível de conveniência e maior rapidez no processamento das informações. Pelo menos nos últimos cinco anos, aplicativos de aparelhos celulares também foram disponibilizados para complementar funções de relacionamento e apresentam-se como novas tendências no mercado.

Os sistemas de arrecadação são então responsáveis por "recolher" – o que hoje se resume a uma "recolha invisível", uma vez que é eletrônica – os vales utilizados nos validadores acoplados às catracas dos veículos de transporte público. A partir disso, efetuam os devidos cálculos de custos das operações, para em seguida realizarem o repasse de pagamentos aos operadores de transporte, que são as empresas que detêm o capital e a frota veicular.

Anteriormente, o recolhimento se dava de forma física e envolvia coletas e trocas de volumosos vouchers em papel, fichas ou bilhetes por remuneração em dinheiro (processo passível de fraudes e roubos, causando insegurança a todos os envolvidos no processo). Hoje o "processo de remissão", como é mais conhecido no setor de transportes, não mais opera de maneira tangível, e sim processa informações eletrônicas por meio de dados de tarifas recolhidas por situações temporais, por trechos ou viagens realizadas, procedendo aos devidos acertos necessários aos embarcadores de modo totalmente auditado, rápido e seguro.

Uma breve história dos formatos, da insegurança e da complexidade nacional

A compreensão do contexto histórico anterior sempre se faz necessária para entendermos o cenário atual. No período pré-bilhetagem eletrônica, quando a emissão dos vales não seguia um padrão e muitos operadores definiam suas operações a partir do modelo que fosse mais conveniente em termos de prazos de confecção, localização, facilidade de manuseio, custos, logística, segurança, manutenção etc., inúmeros formatos de vales passaram a ser utilizados; entre eles, o mais comum eram os vouchers impressos em papel de segurança, com marcas d'água ou selos holográficos, conhecidos popularmente como vales ou tickets. Cartões e bilhetes com tarjas magnéticas, os chamados Edmonson, também eram vistos, especialmente nas operações em trilhos.

Fichas plásticas magnetizadas eram igualmente utilizadas; nesse formato, podemos rememorar as operações adotadas em Porto Alegre e em Curitiba no início da década de 1990. Esta última cidade teve um projeto premiado na época em termos de arquitetura e mobilidade social, implantando o conceito de corredores específicos de ônibus com terminais tubulares de embarques de passageiros, assinado pelo ex-prefeito Jaime Lerner.[132]

Outros tipos de fichas também datam dessa época, em especial as metálicas, muito utilizadas em municípios cariocas, como no distrito de Niterói. No entanto, elas possuíam uma logística peculiar e dificultosa,

---

132. Rafaela Antunes Fortunato. Cristina de Araújo Lima. "Mobilidade e qualidade espacial urbana no entorno de terminais do sistema BRT de Curitiba: desenho urbano e condições socioambientais". Revista Brasileira de Gestão Urbana, vol. 9, Curitiba, 2017. Disponível em: https://www.scielo.br/scielo.php?script=s-ci_arttext&pid=S2175-33692017000400329. Acesso em: 28 out. 2020.

devido a seu enorme peso quando colocadas em conjuntos grandes para serem transportadas.

Enquanto a emissão dos vales era feita nos formatos de papel, ficha e, posteriormente, bilhete magnético, os modelos possuíam liquidez similar à de moeda corrente. Assim, o Vale-Transporte era plenamente aceito em diversos setores informais do varejo, por meio de operações vinculadas à comercialização de produtos e serviços, funcionando como meio de pagamento alternativo. Realizavam-se transações que iam desde o simples escambo até operações mais complexas de compra com deságio, conhecidas como *factoring*. Entre os anos de 1985 e 2004, nas regiões metropolitanas brasileiras, acabou se formando um mercado negro de comercialização do VT.

A emissão do Vale-Transporte, como ressaltado anteriormente, geralmente se dá por meio de instituições municipais de governo, as quais possuem a prerrogativa de autorizar entidades privadas ou sindicais a controlarem essa operação. Em um país continental como o Brasil, milhares de emissores estão autorizados, e cada um destes determina suas regras de negócios para a comercialização e a operação dos itens. Essas regras variam em termos de políticas tarifárias, prazos para compras, prazos de validade, horários para processamento de pedidos e operações de pagamento. Assim, as empresas clientes que possuem atuação nacional e têm funcionários espalhados por diversos municípios sofrem com uma verdadeira "torre de Babel" que dificulta os trâmites de compra e adiciona custos ao processo.

Somados os problemas sociais e de segurança vividos em nosso país, as incidências por furtos e roubos se tornaram frequentes. As crescentes estatísticas de ocorrências traziam preocupação e insatisfação a gestores do ramo de transportes, usuários e empresas compradoras de vale-transporte. No que tange ao RH, muitos gestores ou até parte da equipe se viam obrigados a cruzar as cidades em busca dos vales nos postos públicos e lojas físicas para atenderem a seus colaboradores, incorrendo em enormes riscos de assaltos. Já os operadores do transporte público urbano movimentavam enormes montantes financeiros, tendo que desenvolver políticas de custódia e transporte de valores similares às de operações bancárias, o que encarecia demais o processo como um todo.

Mas outra preocupação surgiu dentro do próprio ambiente empresarial, relacionada a alguns colaboradores que solicitavam valores cada vez maiores de Vale-Transporte, demonstrando o crescimento vertiginoso e ilegal dessa nova "moeda de troca". Por causa desses desvios de função e da má utilização dos vales, gestores administrativos e de pessoal viam seus custos subirem e não possuíam mecanismos adequados para controlar a situação de maneira efetiva e no longo prazo.

O nascimento do setor de distribuição de Vale-Transporte

A complexidade gerada pelos múltiplos formatos e a grande quantidade de emissores por região – cada um com suas distintas regras de emissão e fornecimento –, somadas, inicialmente, à falta de segurança, à confusão logística e ao desvio de conduta de alguns colaboradores, formavam um cenário caótico e, aparentemente, sem solução.

Contudo, dessa situação acabou se formando um novo segmento de mercado, o primeiro passo para a mudança e a melhoria do serviço. No início do século XXI, diante do cenário problemático já apresentado anteriormente, algumas empresas detectaram oportunidades de atuação e inovaram ao propor a consolidação de processos e operações ligados à centralização de necessidades, atendimento e logística, inaugurando o setor de distribuição de Vale-Transporte.

As empresas distribuidoras têm como propósito central de atuação a intermediação de serviços entre órgãos emissores (fornecedores), organizações empregadoras (clientes) e seus colaboradores (usuários). Como escopo de atuação, procedimentos mais eficientes ligados à centralização de pedidos de vários operadores de transporte, atendimento telefônico e por fax a empresas e usuários, logística de coletas e entregas, custódia física, manuseio e envelopamento de vales e, principalmente, garantia da segurança na entrega final aos usuários eram os fatores que formavam a oferta inicial de prestação de serviços e motivaram a adesão dos primeiros clientes.

No intuito de oferecer soluções para os visíveis e crescentes problemas das organizações e de complementar a ação de órgãos emissores de VT – de forma que suscitassem, igualmente, maior dispersão geográfica –, as até então novas empresas distribuidoras forneciam sistemas de comunicação e gestão baseados em alto padrão de qualidade de serviços e, principalmente, garantiam o atendimento a pontos concentradores de demanda.

Poucas empresas formadas há mais de vinte anos estão em atividade até hoje. As sobreviventes acabaram adaptando o seu modelo de negócio ou até mesmo se formaram a partir de outros segmentos, por exemplo, nas áreas de logística, segurança privada, assessoria contábil, fábricas de sistemas ou de setores atrelados a sistemas de RH ou gestão de outros benefícios (que realizam operações relacionadas aos programas de refeição e alimentação, convênio e afins).

Mesmo após a adoção e a implantação em território nacional dos processos de bilhetagem eletrônica e, atualmente, de bilhetagem digital, em áreas mais isoladas dos centros urbanos ou em municípios menores, em um país tão extenso territorialmente como é o Brasil, ainda se verifica o uso dos antigos vouchers, vales, fichas ou bilhetes magnéticos para fins de VT.

Isso se dá majoritariamente em razão da complexidade dos sistemas produtivos e de logísticas presentes nos múltiplos formatos de vales. Em todo o território nacional, estão estabelecidos aproximadamente 1.500 órgãos emissores de vales. No entanto, alguns desses órgãos estão distribuídos de forma coletiva em regiões segmentadas, e a maioria opera isoladamente nos municípios brasileiros. Além disso, há uma imensa quantidade de órgãos e regras variadas que não dialogam necessariamente entre si, causando dúvidas e desencontro de informações. Outro fator que deve ser levado em consideração é o da infraestrutura disponibilizada para atendimento das empresas compradoras e seus colaboradores. Muitas vezes, devido à sazonalidade, à característica de elasticidade dos mercados, às variações normais da economia e, por fim, às flutuações dos níveis de oferta de emprego, a demanda pelo Vale-Transporte acaba sendo superior à média. Com essa demanda para receber os pedidos, a capacidade física e a infraestrutura tecnológica e de operações se mostram insuficientes para atender a todos.

O segmento de distribuição para empregadores: como agregar valor ao Vale-Transporte

Por desconhecimento, falta de tempo ou mesmo pela convicção genuína em fazer o mais simples e correto, os empresários, empreendedores ou executivos acabavam desperdiçando recursos orçamentários, gastavam mais ou corriam riscos desnecessários quando não estavam em conformidade com a legislação vigente.

Então, as empresas distribuidoras enxergaram uma grande oportunidade de negócio e passaram a desenvolver soluções em serviços amparadas por processos de tecnologia e logística. Elas agiam em três frentes principais:

- atendimento a pedidos e relacionamento com clientes;
- aquisição centralizada dos mais diversos tipos de vales;
- logística segura dos vales nas seguintes etapas: coleta, manuseio, envelopamento e entrega.

Inicialmente, os serviços podiam ser desmembrados em vários procedimentos operacionais, e, devido à própria inovação do segmento – que implica na falta de referências metodológicas –, os idealizadores tiveram de criar e desenvolver sistemas fundados na síntese e na antítese (tentativas e erros). Após testes, desenvolvimento de modelos e parcerias, as empresas do novo segmento formaram pilares que hoje compõem o rol de serviços oferecidos por uma distribuidora de Vale-Transporte:

- Entendimento das necessidades das empresas clientes em termos de Vale-Transporte a seus colaboradores. Tal prática relacionava solicitações dos colaboradores a regiões, bem como meios de transporte, linhas de ônibus e/ou configuração dos trilhos (trens e metrô) e até barcas à quantidade de dias úteis de trabalho.
- Credenciamento da empresa distribuidora nos mais distintos órgãos emissores competentes em todo o país, para se dar, posteriormente, o processo de aquisição e distribuição dos vales. Muitas vezes, o credenciamento seguia a formalização necessária

para o vínculo com secretarias de governo, autarquias ou até empresas públicas, e dotava-se de rigor documental, apresentação de fianças bancárias e critérios específicos de avaliação contábil e financeira.
- Captação dos pedidos das empresas clientes, via centrais telefônicas, fax e até disquetes. Nesta etapa, havia o contato com os gestores das necessidades dos clientes para a subida das necessidades para processamento.
- Processamento, via sistemas eletrônicos, dos pedidos das empresas clientes. Nesta etapa, eram conjugadas as necessidades de cada modelo existente de Vale-Transporte por tipo de emissor correspondente, formando lotes, em atacado, para serem adquiridos.
- Centralização, envio e pagamento das aquisições por lotes aos órgãos emissores.
- Agendamento logístico e disparo de coletas físicas nos órgãos emissores. Em muitas situações, devido ao acúmulo de valores atrelados, este processo demandava o envolvimento de empresas especializadas em logística de segurança, utilizando carros-fortes e escoltas nos trajetos.
- Recebimento, conferência e custódia dos lotes de vales adquiridos, normalmente acondicionados em grandes caixas (quase *bunkers*) em ambiente seguro ou caixas-fortes.
- Programação e planejamento da produção. Como em um processo fabril, nesta etapa se dava o sequenciamento lógico das atividades, direcionando a baixa dos estoques com o desmembramento das caixas de vales da custódia, para posterior formação de roteiros de separação de vales (mapas) e a divisão por ilhas produtivas de trabalho.

- Separações manuais dos lotes adquiridos em unidades menores e preparação para manuseio.
- Planejamento da distribuição, por meio da análise de roteiros, consolidações de cargas, avaliação de riscos por região e eventual contratação de estrutura de segurança.
- Operações de entregas seguras, em lotes menores, nas empresas clientes, em carros-fortes, carros leves com escolta, motocicletas e até por correios, dependendo do volume e do risco.
- Opção de entrega dos envelopes para os colaboradores, também conhecida no mercado como posto pagador de benefícios.
- Emissão de relatórios gerenciais indicando a volumetria e o desempenho.

Com o boom tecnológico dos anos 1990, em que ocorreram a propagação e a popularização da internet ao redor do mundo, foram criadas as condições necessárias para o surgimento das lojas virtuais também no mercado de distribuição de Vale-Transporte. Os mecanismos de retaguarda das empresas distribuidoras passaram, de forma on-line, a se integrar com os sistemas de administração de pessoal e de folhas de pagamento dos clientes, propiciando a gradativa substituição – e o desaparecimento – dos pedidos manuais.

Nesse mesmo período, também com a chegada da internet utilizada em maior escala em processos empresariais e com o estabelecimento do comércio virtual (B2B), houve um grande salto na infraestrutura de telecomunicações das grandes cidades. Com a introdução de equipamentos mais potentes de retransmissão e a aplicação contínua de fibra óptica, aumentou-se a eficiência na transmissão e na recepção de dados por voz ou texto, condições básicas para a manutenção de boas relações de atendimento a pedidos e relacionamento entre as partes.

Nesse sentido, devem-se destacar o desenvolvimento e o avanço na aplicação de sistemas de comunicação no geral, trazendo maior produtividade, interação, relacionamento e controle às atividades realizadas pelas centrais de atendimento a clientes, conhecidas popularmente como *call centers*. Vale dizer que, como condição inicial para o atendimento simultâneo de várias empresas clientes, era necessário adequar uma estrutura capaz e suficiente para receber grandes quantidades de chamados, interagindo com clientes em atividades realizadas em períodos de pico, já que a característica do produto Vale-Transporte denota tal sazonalidade.

A partir do avanço estrutural, mas também dos sistemas eletrônicos de comunicação e de controle comercial (*customer relationship management* – CRM), milhares de empresas se tornaram passíveis de serem prospectadas, abordadas e, por fim, se tornarem clientes com pedidos operados em lojas virtuais, centrais de atendimento e sistemas de retaguarda, bem como serviços personalizados complementares.

Quando falamos em metodologias de retaguarda, nos referimos aos vultosos investimentos que foram dispendidos na parametrização de sistemas, em que boa parte do envio de informações cadastrais, de dados dos colaboradores e de suas necessidades mensais foi automatizada. O mesmo aconteceu com o processamento desses itens, em uma metodologia conhecida como "subida dos pedidos de Vale-Transporte", eliminando gargalos e erros gerados pela interação manual. A internet se mostrou uma perfeita sucessora para os pedidos feitos por telefone e fax e, principalmente, acabou com o transporte de disquetes – curioso método criado para trafegar dados na era pré-automação.

A partir de meados dos anos 2000, o mercado vivenciou a migração do formato de vales feitos de bilhetes de papel ou fichas plásticas e metálicas para bilhetes magnéticos e, finalmente, para os cartões inteligentes com chip, do tipo sem contato (*smartcards*). A bilhetagem eletrônica se tornou praticável em largas regiões nacionais, reduzindo drasticamente o mercado negro que se abastecia dos vales em formatos físicos. Pode-se dizer que a implantação do Bilhete Único (BU) na cidade de São Paulo pela SPTrans, no ano de 2004, foi um marco para a população e para todos os envolvidos nesse sistema.

Analisando hoje, anos após a implementação bem-sucedida, considero que o Bilhete Único foi um fator aglutinador e de referência e e se tornou benchmarking para todos os demais órgãos emissores no país. Foi a partir dessa ideia de cartão desenvolvida pela SPTrans que todos os testes sistêmicos e de campo foram feitos, tendo sido o BU a força motriz do lançamento da bilhetagem eletrônica e também do uso do Vale-Transporte em larga escala pelos empregadores.

As vantagens desse formato são notórias. A nova tecnologia permitiu as integrações tarifária e temporal, que tornam possível realizar várias viagens por uma única rede de transportes ou mesmo entre redes distintas, como ônibus e metrô, pagando apenas uma passagem ou com valores reduzidos entre os trechos utilizados. Do ponto de vista da programação, a bilhetagem propiciou a mensuração de indicadores capazes de conhecer com exatidão o fluxo de passageiros nas linhas em determinados horários. Tais mudanças permitiram alcançar melhores condições de oferta de serviços e atendimento aos usuários, principalmente nos horários em que há grande fluxo de pessoas circulando e, igualmente, nas regiões mais afastadas dos centros urbanos.

A aplicação de tecnologia agregada à mudança de processos e à instrumentação de controle resultou na drástica redução do mercado clandestino de vendas de bilhetes nos locais implantados, pois, com a adoção do cartão, se tornou praticamente impossível trocar vale por dinheiro ou mesmo falsificá-lo em larga escala. Com isso, passou a haver mais segurança, uma vez que se reduziram os montantes financeiros que circulavam dentro dos veículos e terminais.

Outra conquista foi o fim do uso do critério de localização habitacional como justificativa utilizada pelos empregadores para não contratarem algum candidato. Com a integração tarifária e modal, o local de residência já não seria mais um fator de impedimento em determinada contratação, o que permitiu um equilíbrio na distribuição de empregos entre moradores de diversas regiões.

Sob a ótica dos operadores, os sistemas de bilhetagem apresentam melhores indicadores administrativos da rede de transportes, pois identificam as necessidades dos usuários e otimizam a frota já em operação. Tudo isso contribuiu para a melhoria do serviço de transporte público, invalidando o argumento de utilização do automóvel nesse aspecto.

Hoje, a bilhetagem eletrônica se tornou realidade em praticamente todas as regiões metropolitanas do Brasil, trazendo um considerável avanço nas políticas de gestão do transporte público, bem como na satisfação do público em geral. A nova tecnologia também permitiu que o tradicional VT, responsável por mais de 50% da arrecadação dos sistemas de transporte no Brasil, se tornasse mais utilizado, forte, seguro e consistente, consolidando-se como um fator decisivo de inclusão social do trabalhador.

Finalmente, as empresas distribuidoras de Vale-Transporte se viram diante de um dilema estratégico primordial: como migrar da logística física para a logística digital. Recordo-me com muita clareza de uma reunião feita no final do ano de 2003, quando o até então secretário de transportes municipais de São Paulo, Jilmar Tatto, convocou as empresas distribuidoras de Vale-Transporte a seu gabinete para nos orientar sobre o projeto como um todo, seu cronograma e, principalmente, as ações necessárias para a atuação na bilhetagem eletrônica. Se não me falha a memória, as palavras dele foram mais ou menos as seguintes: "Se hoje vocês gerenciam pedidos e entregam vales em papel, com a implantação do Bilhete Único, em 2004, terão que se adaptar e entregar créditos eletrônicos, via redes de distribuição".

Ainda no gabinete do secretário, como membro representante de uma das maiores empresas do setor à época, e diante do exíguo prazo para conclusão de inúmeras atividades internas – ainda a serem executadas –, lembro-me de debater com dois grandes amigos do setor (Alaor Aguirre, um dos principais executivos da Ticket no Brasil, hoje Edenred; e Armando Ribeiro Alvares, na época atuando na Smart Benefícios e atualmente na Pagga) sobre os riscos daquela enorme empreitada. Saímos da reunião um tanto atônitos, porém com o claro propósito de desconstruir e reformular todos os procedimentos até então existentes para entrar em uma nova era de atendimento para o segmento como um todo.

A transição vivida pelas empresas distribuidoras de Vale-Transporte com a chegada dos créditos eletrônicos e o futuro digital: tendências atuais

Se antes eram entregues vouchers em papel, fichas e bilhetes, agora deveriam ser entregues créditos eletrônicos pelas redes públicas e privadas de comunicação e recarga. Tais redes, no entanto, dependiam das características do sistema de transportes aplicados, da quantidade de veículos utilizados e da quantidade de usuários e cartões disponibilizada. Nesse ponto, diferentes decisões foram tomadas: alguns optaram por operar diretamente nas catracas (recarga a bordo), como a empresa RioCard, no estado do Rio de Janeiro, enquanto outros por meio de terminais de recarga instalados nas estações, nas paradas de transporte ou no varejo, como foi o caso da SPTrans, na Grande São Paulo.

O setor de atendimento a clientes das empresas distribuidoras teve de, rapidamente, se remodelar, uma vez que, entre todas as outras atividades relativas aos pedidos de cartões e créditos, o setor deveria estar apto a operar módulos de cadastramento de informações de usuários e de segurança eletrônica, bem como atender ocorrências de segunda via de cartões, fazendo a ponte para o bloqueio efetivo e para a transferência de créditos existentes.

Com os cartões em plena operação, algumas ineficiências do antigo modelo físico começaram a aparecer e criar oportunidades para serem atacadas. Eventuais solicitações de vales em quantidade superior às reais necessidades correntes passaram a gerar acúmulos de créditos não utilizados. Diante disso, as empresas distribuidoras passaram a oferecer novos serviços ligados à análise do comportamento do usuário (o colaborador) e dos saldos remanescentes de créditos não utilizados. Esse novo serviço, por muitos chamado de "pedido certo" ou "pedido econômico", se transformou em um modelo "carro-chefe", propiciando grandes percentuais de economia para as empresas clientes.

Ainda no que tange a novos serviços oferecidos, a inteligência aplicada em sistemas de roteirização de itinerários ante a diagramação de linhas e horários de transportes existentes proporcionou a melhor alternativa para ligar a zona de origem à zona de destino, garantindo economia de tempo aos colaboradores e reduções de custos para os empregadores.

Nos últimos anos, algumas tendências têm se transformado em projetos que buscam escala para a viabilização econômica e visam conferir mais segurança e rapidez nas transações. Tais projetos vêm sendo testados com sucesso nas catracas dos coletivos em meios eletrônicos e possuem escopos diferenciados que vão desde autenticações via reconhecimento facial até pagamentos via pulseiras digitais, *smartphones*, aplicativos e sistema de QR Code.

Outro projeto que vem ganhando espaço no universo da bilhetagem é o que trata da transição contínua da metodologia eletrônica (off-line), composta por cartões, validadores e sistemas de *backoffice*, para a chamada bilhetagem digital, na qual mecanismos de comunicação on-line e em nuvem com gestão efetiva de dados e inteligência são aplicados ao negócio, abrindo novas frentes de exploração de produtos e serviços.

A ABT (*account-based ticketing*), como já anteriormente apontado, consiste em um novo conceito que visa transformar o cartão, o celular ou qualquer outro dispositivo válido e credenciado com o operador (inclusive a biometria reconhecida pelo validador) em meio de identificação do usuário e de acesso a todo o sistema de funcionamento do transporte e de validação de créditos. A partir desse dispositivo, o saldo para ser debitado com o valor da tarifa estará na nuvem, e todos os outros sistemas estarão on-line para pesquisa e acesso de informações.

A bilhetagem digital, em comparação com o sistema de bilhetagem eletrônica (nasceu off-line), traz grandes possibilidades de negócios adicionais e eficiência no processamento e no relacionamento com o usuário. Na bilhetagem eletrônica, os validadores tinham a árdua missão de resolver 100% das transações a bordo: os cartões são lidos, verificados quanto a autenticidade e eventuais listas de bloqueio, e apresentam-se os saldos, debitando os valores das tarifas e, enfim, liberando as catracas; tudo isso em frações de segundos. O formato aplicado na bilhetagem eletrônica revolucionou o mercado em termos de segurança e rapidez, mas não consegue chegar às possibilidades de interação e negócios que a bilhetagem digital confere.

Essa tecnologia tão recente tem a capacidade de criar uma conta de crédito armazenada em nuvem, isto é, on-line, que funciona para cada bilhete de transporte. No cartão do usuário é armazenado apenas um código de identificação (ID), que acessa essa conta para debitar o valor da passagem. Essa metodologia é bastante similar aos circuitos usados nas passagens rápidas por pedágios em estradas. O novo bilhete digital possibilita benefícios ao usuário, como milhagens que geram descontos, além de mais segurança para as empresas operadoras, pois os dados são obtidos em tempo real.

Do ponto de vista funcional, a facilidade se dá ao baixar os aplicativos de venda de créditos nos celulares e efetuar as aquisições das passagens por tipos, gerando um QR Code, que será lido pelo validador.

Tais inovações incluem também a transmissão de dados conectada a redes on-line de celulares; assim, já podemos imaginar um sistema totalmente on-line. O grande desafio dos próximos anos, no entanto, é utilizar as informações dos usuários dos sistemas para gerar receitas extraordinárias e reduzir o custo do transporte para o Estado, os operadores e os usuários.

As impactantes e significativas mudanças tecnológicas fortalecem um benefício tão importante e que faz diferença na vida de milhões de brasileiros todos os dias, que é o Vale-Transporte. Por isso, as empresas distribuidoras investem em modelos tecnológicos disruptivos positivos tanto para empresas clientes como para colaboradores. Para os colaboradores, são oferecidos aplicativos de celular que trazem liberdade, autogestão e informações relevantes sobre economia, mudanças, rotas, integrações, tarifas, horários e linhas. As empresas clientes, por sua vez, têm acesso a sistemas inteligentes baseados em automação e análise de dados que garantem a economia, a conveniência e a rapidez necessárias para um ambiente tão competitivo como este em que vivemos hoje.

EPÍLOGO

A história do Vale-Transporte no Brasil é singular. Mas a história das nossas cidades, da nossa gente e das escolhas que fizemos como sociedade é, também, uma história singular. Há 520 anos, quando, de uma terra densa de coloridos contornos vegetativos, nos projetamos para o mundo e nos inserimos na lógica ocidental de civilização, instituições envelhecidas deram lugar a novas, e assim sucessivamente. De tempos em tempos, a arquitetura antiga e as velhas ideias convivem – em harmonia e em assimetria – com as construções novas e as ideias de vanguarda.

O povo brasileiro, alegre e sofrido, desde sempre percorre a grande pátria em busca de melhores terras, oportunidades e paisagens. Uns puderam se deslocar com liberdade de escolha, mas outros, infelizmente, ao longo do nosso processo histórico foram empurrados para áreas improdutivas ou distantes dos centros econômicos do país. A desigualdade social não é um grande problema apenas para os que vivem a realidade do desemprego, da moradia precária e da baixa renda. É um problema de toda uma sociedade, que afeta toda a cadeia de desenvolvimento econômico, produção material e intelectual, desempenho social e dignidade humana.

Essas e outras inquietações do estudioso interessado que sou, trabalhando no ramo há anos, me fizeram entender o quão importante é o Vale-Transporte para a questão habitacional, a qualidade de vida, a geração de empregos, o desempenho e a performance do trabalhador na roda do mercado e da sociedade como um todo. O benefício social ao qual temos acesso desde 1985 é importante, outrossim, devido ao valor que dá à pessoa humana em sua fase mais longa da vida: a produtiva.

No mais, o Vale-Transporte é essencial para a dinâmica da urbanização e para o aspecto econômico no geral, uma vez que hoje, no Brasil, o benefício é responsável por garantir a maior parte da remuneração dos sistemas de transporte público coletivo.

E nisso consiste a relevância do setor que congrega as empresas prestadoras de serviços de distribuição de Vale-Transporte em processos ágeis, alinhados e sem gargalos, oferecendo soluções que entreguem valor tanto para empregadores quanto para colaboradores, garantindo dinamismo ao sistema.

Os pilares supracitados de sustentação da nossa sociedade, que moldam a ideia do benefício social do Vale-Transporte, garantem a mobilidade, a qualidade de vida, o bem-estar dos trabalhadores e o funcionamento econômico da estrutura de transportes urbanos. Assim, como especialistas em RH e, principalmente, como usuários, saber administrar os custos, bem como trazer bons indicadores de desempenho social ao desfrutar coletivamente desse benefício, é ter comprometimento com a nossa sociedade e com a nossa própria história.

CRONOLOGIA PARA UMA HISTÓRIA DO VALE- -TRANSPORTE E DOS TRANSPORTES NO BRASIL

1828 – Primeiros incentivos à construção de ferrovias. A ideia inicial era ligar Porto Feliz ao Porto de Santos, mas o projeto foi vetado pelo governo imperial.

1854 – O Brasil inaugura sua primeira ferrovia no dia 30 de abril. A ferrovia tinha apenas catorze quilômetros de extensão e ligava o Porto de Mauá a Petrópolis, no Rio de Janeiro.

1858 – Chega a Pernambuco o primeiro trem, ligando a capital, Recife, a São Francisco.

1865 – Nesse ano, as ruas Direita, Rosário e São Bento, em São Paulo, eram famosas pela concentração de pessoas. Porém, outros bairros, como Brás, Santo Amaro e Penha, começavam a crescer, expandindo o comércio e as moradias. O processo foi intensificado com a chegada de imigrantes, exigindo que a cidade tivesse algum meio de transporte público eficiente. Assim, os primeiros tílburis chegaram importados da França, e consistiam em veículos com dois assentos tracionados por cavalos. Esses veículos foram inventados na Inglaterra em 1818, e o primeiro tílburi chegou ao Brasil no ano de 1830, na cidade do Rio de Janeiro, mas se popularizou em São Paulo em 1865, por meio de um sistema de tabelamento de preços e horários regulares estabelecidos na praça da Sé pela iniciativa do italiano Donato Severino.

1867 – A Companhia São Paulo Railway constrói a primeira ferrovia do estado, que liga o Porto de Santos a Jundiaí.

1870 a 1930 – O transporte ferroviário constitui o principal meio para trazer o café do interior, além de levar os produtos agrícolas para os centros urbanos e portos. Os primeiros investimentos eram, no entanto, de fontes estrangeiras.

1871 – Ano da fundação da Companhia de Carris de São Paulo. A Companhia começou operando bondes puxados por tração animal, com capacidade para carregar até dezesseis pessoas.

1872 – Mais trilhos são construídos pela *São Paulo Railway*, esticando o percurso de Jundiaí a Campinas.

1874 – Construção da ferrovia que vai de Porto Alegre a São Leopoldo, no Rio Grande do Sul.

1880 – Implantação do primeiro bonde a vapor no bairro de Santo Amaro (que foi um município até 1935), ligando-o ao centro de São Paulo. Vinte anos depois, chegam os veículos totalmente eletrificados, operados principalmente pela The São Paulo Tramway e pela Light Company Ltda. No final do século XIX e no início do XX, as várias empresas operadoras são incorporadas pela Light.

1888 – O governo prioriza o transporte rodoviário em detrimento do fluvial e do ferroviário.

1900 – A Light fabrica seu próprio bonde, primeira linha que liga o centro à Barra Funda.

1907 – O pagamento da passagem nos transportes coletivos de São Paulo é feito por meio de dinheiro (espécie) e passes de papel.

1909-1930 – Os bondes começam a ter lotação máxima nos horários de pico.

1920 – O então presidente Washington Luís é o primeiro a investir pesadamente em rodovias – política que mais tarde será assumida por Getúlio Vargas.

1926 – Construção da estrada que liga São Paulo ao Rio de Janeiro; a atual rodovia Dutra seria terminada somente em 1951.

1927 – Primeiras reuniões sobre a possibilidade de trazer o metrô para o Brasil, mas o projeto não saiu do papel. Nas cidades de Tóquio (Japão),

Cidade do México (México) e Mumbai (antiga Bombaim, Indonésia), o sistema de metrô já estava funcionando.

1932 – A cidade de São Paulo importa da Europa cinquenta bondes modernos, e o bonde se torna o principal meio de transporte da cidade.

1935 – Prestes Maia (que viria a ser prefeito nos períodos de 1938 a 1945 e 1961 a 1965) começa a discutir questões urbanísticas e a implantar projetos de crescimento urbano na cidade de São Paulo. Iniciam-se a construção da Avenida 23 de Maio e o alargamento da Avenida Rebouças e das marginais. Entretanto, tais projetos reforçam a hegemonia do automóvel, e São Paulo segue como uma cidade planejada para carros.

1946 – A Companhia Municipal de Transporte Coletivo (CMTC) é fundada em São Paulo e, com ela, a cidade ganha noventa linhas de ônibus.

1948 – A CMTC lança os passes de papel nas modalidades Escolar e Comum para serem utilizados como meios de pagamento de passagem em São Paulo.

1950 – O número de acidentes entre ônibus e bondes começa a se tornar um problema público.

1953 – A fundação da Petrobras é sancionada por Getúlio Vargas, tendo em vista a produção de petróleo no país. Em 2011, a Petrobras viria a se tornar a quinta maior empresa petrolífera do mundo, atuando em 25 países. Em 2014, no entanto, se envolveria em esquemas de corrupção, apresentando um prejuízo de mais de 21 bilhões de reais. O esquema ficou conhecido por meio da Operação Lava Jato.

1957 – Fundação da Rede Ferroviária Federal (RFFSA) no Rio de Janeiro, que, em 1998, seria privatizada.

1968 – Nasce a Companhia do Metrô, organizada pelo Grupo Executivo Metropolitano em São Paulo, ao passo que o bonde é desativado.

1971 – A Ferrovia Paulista S.A. (Fepasa) é fundada em São Paulo, atuando em todo o Brasil. Assim como a RFFSA, seria privatizada em 1998.

1973 – A Guerra do Yom Kippur, no Oriente Médio, traz consequências mundiais à importação de petróleo; o período fica conhecido como a Crise do Petróleo. No Brasil, há um aumento exorbitante das tarifas e queda na demanda dos transportes públicos, devido à desproporção em relação à renda da população usuária. As operadoras de transporte público começam a buscar combustíveis e transportes alternativos, ao passo que lideranças sindicais, civis e governamentais buscam uma solução alternativa.

1974 – Finalmente o metrô é implantado em São Paulo, sendo o primeiro trajeto entre as estações Vila Mariana e Jabaquara. Somente em 1979 seria inaugurada a estação da Sé, fazendo com que o número de passageiros em pé no ônibus caísse de doze para oito pessoas. Na primeira reunião da FETERGS, em Caxias do Sul, no Rio Grande do Sul, surge o esboço de um projeto do Vale-Transporte.

1975 – O Metrô lança o bilhete com tarja magnética (Edmonson) como meio de pagamento de passagem.

1975 – O Metrô já carrega 200 mil pessoas e cerca de 1.300 propriedades são desapropriadas para reurbanização e construção de novas estações.

1977 – Por meio de um decreto, a capital é dividida em 23 áreas atendidas por empresas contratadas pela CMTC. É criado o Terminal Intermunicipal do Jabaquara (planejado desde 1976) para servir a Baixada Santista e o Litoral Sul.

1979 – Na gestão de Olavo Setúbal, a matriz dos transportes deixa de ser uma prioridade da prefeitura e se torna uma questão do governo do estado. O metrô passa a circular das cinco horas à meia-noite.

1981 – O Projeto de Lei 5.378, de 23 de outubro, apresenta a proposta do Vale-Transporte.

1982 – Construção do terminal rodoviário do Tietê, em São Paulo, operando até seiscentos destinos, entre eles destinos estrangeiros como Uruguai, Argentina, Paraguai e Chile. Os ônibus são interligados às estações de metrô.

1985 – O Projeto de Lei 7.418/85 restringe o projeto do Vale-Transporte aos trabalhadores. A proposta segue facultativa. Construção dos primeiros corredores de ônibus, desafogando os horários mais cheios das sete às dez horas e das dezessete às vinte horas. Em contrapartida, os problemas com a manutenção do asfalto aumentam.

1986 – O metrô de Belo Horizonte, concebido no fim da década de 1970, entra em operação e conta com as primeiras seis estações ligando Eldorado a Lagoinha. Os trilhos possuem 10,8 quilômetros de linha e três trens. Em 1987, foi incorporada ao trecho a estação Central e, em 2001, a frota foi completada em 25 trens. Atualmente, possui uma única linha com dezenove estações e percorre 37 quilômetros, partindo da estação Eldorado, no município de Contagem, e indo ao norte da cidade, até o terminal Vilarinho, na região de Venda Nova.

1987 – A Lei 7.619/87 definitiva torna obrigatório em todo o território nacional o benefício do Vale-Transporte como um custo social pago conjuntamente pelo Estado, pelos empregadores e pelos trabalhadores. O prefeito Jânio Quadros lança o Fofão, ônibus de dois andares inspirado nos ônibus londrinos. Esses ônibus tinham capacidade para carregar até 112 passageiros, e sua operação seria encerrada em 1993.

1988 – A CMTC lança o Vale-Transporte em papel como meio de pagamento da passagem, o qual é adquirido pelos empregadores e distribuído aos seus respectivos empregados com base na nova legislação (Lei 7.619/87).

1989 – Inauguração do Terminal Rodoviário Bresser (com o metrô) em São Paulo, operando 450 destinos que incluíam o interior de São Paulo, Paraná, Goiás, Mato Grosso do Sul, Rondônia e Bolívia.

1991 – Criação da BHTrans (Empresa de Transportes e Trânsito de Belo Horizonte).

1992 – A CMTC controla 27% dos transportes dos passageiros, e o resto é controlado por empresas privadas. O senador Eduardo Suplicy é o primeiro a propor o projeto do Bilhete Único.

1995 – A CMTC fecha as portas e é incorporada pela SPTrans. A SPTrans moderniza todo o setor e todas as linhas passam a ser operadas por empresas privadas em uma relação concessionada. A empresa municipal controla os corredores e terminais, além das 151 linhas noturnas que operam entre a meia-noite e as quatro horas. O Bilhete Único, que havia sido proposto novamente, desta vez pelo vereador Carlos Zarattini, é vetado por Paulo Maluf.

1996 – Criação do rodízio de carros na cidade de São Paulo, visando desafogar as marginais e as principais vias que cortam a cidade. O sistema restringe a circulação de automóveis com determinados finais de placas uma vez por semana nos primeiros horários da manhã e nos últimos da tarde. A prefeita Luiza Erundina promete a implementação do Bilhete Único, mas não é reeleita.

1997 – As catracas eletrônicas começam a operar no dia 4 de julho em São Paulo. Servidores do transporte público ficam preocupados com o possível desemprego em massa, e agitações populares preocupam o governo federal. Entretanto, não ocorre desemprego em massa e a mudança é bem incorporada no setor. A implementação das catracas provoca queda do número de assaltos em ônibus, pois nem o usuário nem o cobrador precisam mais carregar dinheiro no bolso. O prefeito Celso Pitta inaugura mais terminais e dá sequência às integrações criadas pelo antecessor Maluf. Surge a proposta do Fura-Fila, o ônibus que não pega trânsito, pois anda sobre viadutos, mas a obra não é finalizada.

1997 – Implantação da bilhetagem eletrônica em Campinas. A cidade é a pioneira na implantação do sistema de bilhetagem eletrônica no setor de transporte coletivo urbano no Brasil. O início da operação, controlada pela Associação das Empresas de Transporte Coletivo Urbano de Campinas (Transurc), ocorre em novembro de 1997. Até novembro de 2004 (ano da criação do Bilhete Único em São Paulo), a maioria dos usuários do transporte coletivo urbano de Campinas já utiliza os cartões com tarja magnética.

1999 – No dia 23 de dezembro, em São Paulo, os transportes clandestinos deixam de circular oficialmente. Desde o ano de 1995, eles eram bastante populares em bairros mais afastados. O transporte clandestino gerava um prejuízo de cerca de 70 milhões de reais por ano para as concessionárias e os cofres públicos. Nesse mesmo ano, o prefeito de São Paulo, Celso Pitta, cria o Passe Livre.

2000 – De acordo com os dados disponibilizados pelo IBGE, a cidade de São Paulo dobra sua população em trinta anos. Em 1970, a população era de 5.860.000 habitantes, saltando para 10.434.000 em 2000. Marta Suplicy vence a eleição para a prefeitura de São Paulo e promete a implementação do Bilhete Único.

2001 – Inauguração da primeira linha do Metrô no Distrito Federal, com trecho que liga Samambaia a Taguatinga, Águas Claras, Guará e Plano Piloto.

2002 – Marta Suplicy estica o Fura-Fila até o limite de São Mateus, mas a obra também não é finalizada. O Fura-Fila passa a ser chamado de Paulistão.

2003 – A cidade de São Paulo chega à marca de 5 milhões de veículos. Para comparação, na metade dos anos 1970 a quantidade de veículos circulantes era de apenas 640 mil. Primeiros testes com o Bilhete Único, começando pelas gratuidades (idosos e estudantes) e, em seguida, o VT.

2004 – Implantação de todas as modalidades de crédito do Bilhete Único (Idoso, Estudante, VT). Transferência da comercialização do Vale-Transporte da EMTU para a Autopass.

2006 – Criação do Cartão BOM na modalidade Vale-Transporte pelo CMT (Consórcio Metropolitano de Transportes), atualmente Autopass, empresa gerenciadora dos transportes interurbanos de São Paulo. As recargas de créditos eletrônicos de Vale-Transporte já podem ser efetuadas em terminais fechados de ônibus, metrô ou CPTM. O governo de São Paulo investe em propagandas para a popularização do Bilhete Único. A procura pelos cartões aumenta.

2007 – Por meio da plataforma do Bilhete Único, o Governo do Estado de São Paulo lança o Cartão Fidelidade para atender exclusivamente aos usuários que utilizam a modalidade trilhos (Metrô/Trem). O cartão passa a dar desconto significativo sobre o preço da tarifa em relação ao bilhete unitário, incentivando e gerando maior economia nos deslocamentos. Inicialmente, a venda é disponibilizada em todas as estações do metrô, e o cartão pode ser adquirido em lotes de vinte viagens. Posteriormente, seriam criados os lotes de oito e cinquenta viagens. Em São Paulo, com o prefeito Gilberto Kassab, finalmente tem início à operação do Fura-Fila, o qual é chamado de Expresso Tiradentes, em referência ao bairro ao qual se pretendia chegar até 2016. Entretanto, o Expresso Tiradentes ainda não chegou ao bairro prometido. Iniciada oficialmente a bilhetagem eletrônica em Porto Alegre.

2008 – Em março, a Prefeitura de São Paulo lança o Bilhete Único "Amigão" – um bilhete único normal carregado com créditos da modalidade Comum que permite aos usuários do sistema de transporte público fazer até quatro viagens em ônibus diferentes no período de oito horas pagando apenas uma tarifa aos domingos e feriados.
O Metrô-DF bate recorde de usuários transportados em um só dia. No 48º aniversário de Brasília, em 21 de abril, o sistema atende 600 mil pessoas.

2009 – O Governo do Estado de São Paulo, na plataforma do Bilhete Único, lança o Cartão Madrugador, que permite descontos na passagem aos usuários que utilizam a modalidade de trilhos (Metrô/Trem) antes do horário de pico da manhã. Das 4h40 às seis horas no Metrô, e das quatro horas às 5h20 na CPTM, inclusive na tarifa de integração com ônibus. Esses descontos são exclusivos para usuários do Bilhete Único Comum.

2010 – Início da operação comercial da Linha 4-Amarela do Metrô (ViaQuatro) em São Paulo, a primeira linha do Metrô sob gestão e operação da iniciativa privada.

2012 – Início da integração modal por meio do uso do Bilhete Metropolitano BOM com o Metrô e a CPTM.

2013 – Em abril, a Prefeitura Municipal de São Paulo lança oficialmente o Bilhete Único Mensal – BUM (Temporal), pelo Decreto nº 54.641, de 28 de novembro de 2013), com tarifas fixas predefinidas para sua utilização e voltado especialmente para o usuário que utiliza mais vezes os sistemas de transporte, já que a ideia do BUM é permitir um número indeterminado de viagens por certo período de tempo pelo preço de uma única tarifa. Ao adquirente da cota mensal, é atribuído o direito de utilizar o sistema de transporte por 31 dias seguidos. Há cotas mensais para uso exclusivo nos modais Ônibus ou Trilhos (Metrô/Trem) e as cotas Integradas, dos tipos Comum, Estudante e Vale-Transporte.

Início da parceria da SPTrans com o Projeto Bike Sampa. O projeto permite que os usuários possam utilizar o Bilhete Único para liberar as bicicletas nos estacionamentos das estações do Metrô.

O prefeito de Belém do Pará assina o Decreto nº 77.807, que institui a gestão compartilhada do sistema de bilhetagem eletrônica e a delegação da emissão e da comercialização de Vale-Transporte no âmbito do município de Belém ao Sindicato das Empresas de Transportes de Passageiros de Belém (Setransbel).

2013-2015 – Manifestações populares organizadas por diferentes grupos civis e políticos contestam o aumento de vinte centavos no valor das tarifas do transporte público. Durante os vários dias de manifestações, ônibus são queimados (um total de 110 ônibus em 2014 e cinquenta veículos no ano seguinte) e novas lideranças e alianças políticas se formam. As manifestações populares desencadeiam outros movimentos políticos, que acabam por levar ao processo de *impeachment* da presidente Dilma Rousseff pouco tempo depois.

2014 – Com base nas cotas mensais, são lançadas as cotas diárias (24 horas) e as semanais. Nesse mesmo ano, surgem os aplicativos que permitem as compras de créditos por meio de *smartphones*.

2015 – Após as manifestações de junho de 2013, a Prefeitura e, na sequência, o Governo do Estado de São Paulo lançam o Passe Livre – gratuidade nos sistemas de transportes para os estudantes de baixa renda. Nesse mesmo ano, os ônibus biarticulados começam a circular nos corredores da cidade de São Paulo. Com aproximadamente 27 metros de comprimento, cada ônibus tem capacidade de transportar até 171 passageiros. Conhecidos como BRT, esses ônibus têm como objetivo trafegar em linhas retas, grandes avenidas e em vias radiais e perimetrais. Os novos veículos possuem duas catracas para acelerar o embarque, bem como ar-condicionado, wi-fi, computador de bordo e câmeras.

2016 – Implantação do mecanismo de biometria facial por meio de câmeras instaladas nos validadores dos ônibus. Inicialmente, o reconhecimento facial faz a validação de passageiros especiais, como os idosos, com o objetivo de redução de fraudes e uso indevido dos cartões nos sistemas de transportes.

O Banco do Brasil disponibiliza para os seus clientes correntistas a venda de créditos do Bilhete Único em terminais de autoatendimento, inclusive via aplicativo.

Prometida para melhorar a mobilidade para a Copa do Mundo de 2014, a primeira etapa do Veículo Leve sobre Trilhos (VLT) no Rio de Janeiro é concluída em junho de 2016, para as Olimpíadas do Brasil. Rápido, sustentável e moderno, com rede de 28 quilômetros, o VLT integra todos os meios de transporte do Centro e da Região Portuária – barcas, metrô, trem, ônibus, aeroporto, teleférico, terminal de cruzeiros marítimos e, futuramente, o BRT Transbrasil. Funcionará 24 horas por dia com 32 trens, com tempo máximo de espera entre um trem e outro de três a quinze minutos (de acordo com a linha) e capacidade para transportar 300 mil pessoas.

2017 – A Prefeitura de São Paulo, conforme Portaria nº 031/17 – SMT. GAB, de 12 de abril de 2017, suspende a venda das cotas temporais para estudantes e beneficiários do Vale-Transporte, como também da cota semanal comum.

2018 – O sistema metroferroviário do Brasil ultrapassa a casa dos 3,7 bilhões de passageiros, representando um crescimento de 21% em relação ao ano anterior, apesar de a malha ter crescido apenas 3,9% no período. Os trilhos ganharam 41 quilômetros, resultando em 1.105 quilômetros de extensão em todo o sistema, conforme dados divulgados pela ANPTrilhos. A CPTM bate recorde histórico no volume de passageiros transportados.

2019 – A Prefeitura de São Paulo decreta novas regras para o Bilhete Único (Decreto nº 58.639), estabelecendo prazo de validade para os cartões e créditos de viagens.

Com vistas a reduzir o subsídio ao usuário de Vale-Transporte, é fixada uma tarifa com valor superior ao da tarifa básica, além de se restringir a quantidade de embarques, de quatro embarques em duas horas para dois embarques em três horas.

A SPTrans inicia o piloto para pagamento de passagem por meio de débito/crédito, utilizando para isso a tecnologia NFC. O metrô do Rio também lança mão dessa tecnologia. O Metrô de São Paulo e a CPTM iniciam o piloto de pagamento de tarifa usando o QR Code gerado por um aplicativo.

2020 – No início de janeiro, a escalada de tensão entre Irã e Estados Unidos, que perdurava já havia meses, deflagra uma crise política que ocasiona nova onda de crise do petróleo, além de outras tensões relativas a comercialização e definição de preços entre Arábia Saudita (líder da Opep) e Rússia. Tais eventos em cadeia desestabilizam o mercado de captação e distribuição de petróleo e derrubam os índices das bolsas de valores em todo o mundo. Por enquanto, no entanto, o governo brasileiro, sob a presidência de Jair Messias Bolsonaro, lança nota afirmando que o governo federal não irá intervir em política de preço de combustível.

Em março de 2020, o mundo é surpreendido pelos impactos da pandemia de uma cepa inédita do coronavírus, causador da Covid-19. O desconhecimento da comunidade médica e científica em relação a esse vírus, bem como suas altas transmissibilidade e letalidade, faz com que governos do mundo inteiro decretem *lockdown* e declarem sobrecarga dos sistemas de saúde e situação de emergência na saúde pública. Muitos setores da economia são seriamente afetados, como o de transportes públicos, uma vez que comércios, escolas, empresas, shoppings, igrejas e parques, por exemplo, são fechados. Como efeito, há queda drástica na utilização do Vale-Transporte. No segundo semestre de 2020, o mundo assiste às crises políticas em decorrência da corrida internacional pela vacina, vive séria crise da saúde pública e uma retração econômica de consequências mundiais.

2021 – O ano iniciou com novas ondas da pandemia decorrente do Covid-19. Contudo, desde dezembro de 2020, com a chegada das vacinas produzidas por diferentes laboratórios, diversos países iniciaram o processo de imunização.

Com a drástica redução do número de passageiros transportados, em decorrência das políticas de isolamento e distanciamento social, empresas que operam serviços de transporte de passageiros e que não contam com subsídio governamental correm risco de falência, pois dependem inteiramente da arrecadação tarifária.

O impacto socioeconômico causado pela pandemia contribuiu para que certas estruturas urbanas e políticas públicas fossem repensadas. Tais mudanças evidenciam temas relacionados ao futuro da mobilidade urbana. Embora as medidas de isolamento social sejam temporárias, a prática do teletrabalho cresceu exponencialmente e muitas empresas consideraram as experiências positivas e rentáveis. A circulação de pessoas no transporte público brasileiro em 2020 chegou a 61% do público pré-pandemia, e estima-se que não voltaremos aos níveis anteriores à pandemia por causa das mudanças que já podemos considerar definitivas. Esse, talvez, poderá ser o momento para pensarmos nas cidades do futuro.

Benefício Certo

São oito anos de história e uma sólida reputação no setor de benefícios, além de serviços personalizados e atendimento centrado no cliente. O principal foco da Benefício Certo está na facilitação de processos ligados à aquisição de Vale-Transporte e no compromisso com a redução de custos por meio de um sistema unificado de atendimento e gestão conhecido como One Stop Shop. Com plataforma de rápida customização e fácil entendimento, a BC oferece às empresas clientes acesso a mais de 5 mil tipos de itinerários em todos os estados do Brasil.

No mercado desde o ano de 2013, somos uma administradora de benefícios especializada em Vale-Transporte, soluções em vouchers, cartões, créditos eletrônicos e em qualquer outra modalidade que atenda às necessidades dos seus colaboradores. Ademais, operamos com mais de 1.300 órgãos de transporte público espalhados pelo Brasil, além de fazer a gestão de outros benefícios, como Vale-Alimentação, Vale-Refeição, Vale-Combustível, Vale-Cultura e cartões pré-pagos.

Nossa comunicação é clara, simples e direta. Hoje, somos referência em operações abrangentes que cobrem todo o território nacional.

Fomos eleitas uma das cinco marcas mais lembradas de 2019 no setor de RH, premiada em excelência em serviços ao cliente em 2018, e estamos entre os melhores fornecedores para RH no Brasil desde 2018.

A Benefício Certo alinha tecnologia e performance para ofertar serviços inovadores e soluções diferenciadas. Com isso, busca proporcionar aos clientes e aos colaboradores os melhores padrões de qualidade e satisfação e, acima de tudo, valorizar relações de confiança. Ao longo de todos esses anos, sempre se pautou pela verdadeira essência de seu trabalho: garantir qualidade de vida e realizar bons negócios.

Com a publicação deste livro inteiramente patrocinado pela Benefício Certo, agregamos mais um valor aos serviços oferecidos aos nossos clientes. Apoiamos a cultura e a informação, pois acreditamos que é somente por meio desses princípios que nos tornamos capazes de conhecer nossa própria história e lutar por nossos direitos.

BIBLIOGRAFIA E DOCUMENTOS

ALOUCHE, Peter Ludwig. "Metrô: definindo os termos". *Revista Engenharia*, n. 601, pp. 103-110, 2011.

ALOUCHE, Peter Ludwig; LABATE, Elaine Doro. "Metrô de São Paulo: uma referência contínua, em nível internacional". *Revista Engenharia*, n. 638, pp. 111-114, 2018.

ANDRADE, Oswald de. *Serafim Ponte Grande*. Rio de Janeiro: Biblioteca Azul, 2006.

BASTIAN, Eduardo F. "O PAEG e o plano trienal: uma análise comparativa de suas políticas de estabilização de curto prazo". *Revista Estudos Econômicos*, São Paulo, v. 43, n. 1, pp. 139-166, jan./mar. 2013.

BELDA, Rogério. "Mobilidade com qualidade de vida". *Revista Engenharia*, n. 607, pp. 101-102, 2011.

BERQUÓ, Elza. "Evolução demográfica". In: SACHS, Ignacy; WILHEIM, Jorge; PINHEIRO, Paulo Sérgio (Orgs.). *Brasil, um século de transformações*. São Paulo: Companhia das Letras, 2001, pp. 14-28.

BUENO, Luís. "Experiência rural e urbana no romance de 30". *Revista Terceira Margem*, v. 11, n. 16, 2007.

BRESSER-PEREIRA, Luiz Carlos. *A construção política do Brasil: sociedade, economia e Estado desde a independência*. São Paulo: Editora 34, 2016.

CAMMAROTA, Luciana. *Imigrantes nas cidades do Brasil do século XX*. São Paulo: Atual, 2007 (Coleção A Vida no Tempo).

CARDOSO, Lucio; DENALDI, Rosana (Orgs.). *Urbanização de favelas no Brasil: um balanço preliminar do PAC*. Rio de Janeiro: Letra Capital, 2018.

CARVALHO, J. Murilo de. *Os bestializados: o Rio de Janeiro e a República que não foi*. São Paulo: Companhia das Letras, 1986.

CARVALHO, J. Murilo de. *A construção nacional: 1830-1889*. Rio de Janeiro: Objetiva, 2012.

CERQUEIRA, Dionísio. *Reminiscência da campanha do Paraguai (1865-1870)*. Rio de Janeiro: Forense Universitária, 1982.

CERTEAU, Michel de. *A escrita da História*. Rio de Janeiro: Grupo Editorial Nacional, 2015.

CHASSOT, Carlos Acir. "Como preparamos a população de São Paulo para a chegada do metrô". *Revista Engenharia*, n. 626, pp. 90-94, 2015.

CHIAVENATO, Idalberto. *Gestão de pessoas: o novo papel dos recursos humanos nas organizações*. São Paulo: Campus, 2004.

CHIAVENATTO, Júlio José. *Genocídio americano: a Guerra do Paraguai*. São Paulo: Brasiliense, 1983.

COSTA, Emília Viotti da. *A abolição*. São Paulo: Editora Unesp, 2012.

DAWSON, Kate Winkler. *Death in the air: the true story of a serial killer, the great London smog, and the strangling of a city*. Nova York: Hachette Book Group, 2017.

DICKENS, Charles. *The Dombey and Son*. Pensilvânia: The Pennsylvania State University, 2007 (A Penn State Electronic Classics Series Publication).

DOMINGUES, Petrônio. "A nova abolição". In: GOMES, Flávio dos Santos; DOMINGUES, Petrônio. *Políticas da raça: experiências e legados da abolição e da pós-emancipação no Brasil*. São Paulo: Selo Negro, 2014.

DUPUY, Gabriel. *Les territoires de l'automobile*. Paris: Éditions Anthropos, 1995 (Collection Villes).

FAORO, Raymundo. "República Velha: os fundamentos políticos". In: *Os donos do poder: formação do patronato político brasileiro*. São Paulo: Globo, 2012, pp. 651-697.

FARRELL, J. J. "Smartcards Become an International Tecnology". *Tron Project International Symposium*, 1996.

FAUSTO, Boris. *História geral da civilização brasileira: o Brasil republicano – Economia e cultura (1939-1964)*. Rio de Janeiro: Bertrand Brasil, 2007. Tomo III.

FLORENTINO, Manolo. *Em costas negras: uma história do tráfico de escravos entre a África e o Rio de Janeiro (séculos XVIII e XIX)*. São Paulo: Editora Unesp, 2014.

FREDERICO, Claudio de Senna. "Do planejamento tradicional de transporte ao moderno plano integrado de transportes urbanos". *Revista São Paulo em Perspectiva*, São Paulo, v. 15, n. 1, jan./mar. 2001.

FREYRE, Gilberto. *Ingleses no Brasil: aspectos da influência britânica sobre a vida, a paisagem e a cultura do Brasil*, 3. ed. Rio de Janeiro: UniverCidade Editoras, 2000.

FURTADO, Celso. *Formação econômica do Brasil*. São Paulo: Companhia das Letras, 2007.

GALHARDI, Eurico Divon. *Centro de Documentação e Memória*. Brasília: Confederação Nacional do Transporte (CNT), Associação Nacional das Empresas de Transportes Urbanos (NTU), 2019.

GOVERNO DO ESTADO DE SÃO PAULO. *Plano Integrado dos Transportes Urbanos: RMC 2015*. São Paulo, 2006. Disponível em: http://www.stm.sp.gov.br/PITU/Pitu2015/pitu_2015_1.pdf. Acesso em: 15 out. 2020.

GRAHAM, Richard. *Grã-Bretanha e o início da modernização no Brasil, 1850-1914*. São Paulo: Brasiliense, 1973.

GREENFIELD, Gerald Michael. "Algumas notas sobre a história da viação urbana no velho São Paulo". *Revista de História*, v. 49, n. 99, 1974.

GUTEMBERG, Cláudia et al. *Brasília em 300 questões*. São Paulo: Dédalo, 2002.

HERZOG, Chaim. *A guerra do Yom Kippur*. Rio de Janeiro: Biblioteca do Exército, 1977.

HIMMELFARB, Gertrude. *Os caminhos para a modernidade: os iluminismos britânico, francês e americano*. São Paulo: É Realizações, 2011.

HOBSBAWM, Eric J. *A era das revoluções: 1789-1848*. São Paulo: Paz & Terra, 2012.

HORWITZ, Steven. "Money and the interpretative turn". *Symposium: Canadian Journal of Continental Philosophy/revue Canadienne de philosophie continentale*, pp. 249-266, 2004.

KON, Anita. "Quatro décadas de planejamento econômico no Brasil". *Revista de Administração de Empresas*, São Paulo, v. 4, n. 3, pp. 49-61, maio-jun. 1994.

LABATE, Elaine Doro Labate. "A demanda do Metrô de São Paulo: sua história". *Revista Engenharia*, n. 626, pp. 150-152, 2015.

LESSA, Renato. *A invenção republicana*. Rio de Janeiro: Top Books, 1990.

LÉVI-STRAUSS, Claude. *Tristes trópicos*. Tradução de Rosa Freire d'Aguiar. São Paulo: Companhia das Letras, 1996.

LIGHT, Kenneth. *A viagem marítima da família real: a transferência da corte portuguesa para o Brasil*. Rio de Janeiro: Jorge Zahar, 2008.

LISBOA, Leonardo Cleber Lima. *Transporte de Londres, Paris e São Paulo: aspectos fundamentais do planejamento e expansão das redes de transporte estruturais e sua relação com a organização do tecido urbano*. São Paulo: FAU USP, 2019. 2 v. Tese (Doutorado).

LOPEZ, Adriana; MOTA, Carlos Guilherme. *História do Brasil: uma interpretação*. São Paulo: Editora Senac, 2012.

LOVE, Joseph L. *A construção do Terceiro Mundo: teorias do subdesenvolvimento na Romênia e no Brasil*. Rio de Janeiro: Paz e Terra, 1998.

LORENZ, Edward N. *The Essence of Chaos*. Seattle: University of Washington Press, 1995.

LÜBECK, Rafael Mendes; WITTMANN, Milton Luiz; LADEIRA, Wagner Júnior. "Rede interorganizacional: inovação em serviços a partir da implantação da bilhetagem eletrônica em empresas de transporte público da região metropolitana de Porto Alegre". *REDES*, Santa Cruz do Sul, v. 14, n. 3, set./dez. 2009.

MACARINI, José Pedro. "A política econômica do governo Médici: 1970-1973". *Revista Nova Economia*, Belo Horizonte, pp. 53-92, 2005.

MACARINI, José Pedro. "Um aspecto da política econômica do milagre brasileiro: a política de mercado de capitais e a bolha especulativa 1969-1971". *Revista Estudos Econômicos*, São Paulo, v. 38, n. 1, jan./mar. 2008. Disponível em: http://www.scielo.br/scielo.php?script=sci_arttext&pid=S0101-41612008000100007. Acesso em: 29 fev. 2020.

MACMILLIAN, Margaret. *A Primeira Guerra Mundial: que acabaria com as guerras*. São Paulo: Globo, 2013.

MENGER, Carl. *Princípios de economia política*. São Paulo: Lebooks, 2017.

MISES, Ludwig von. *Ação humana: um tratado de economia*. São Paulo: LVM Editora, 2011, pp. 671-716.

NÉSPOLI, Luiz Carlos Mantovani (Coord.). *Mobilidade humana para um Brasil urbano*. São Paulo: Associação Nacional de Transportes Públicos (ANTP), 2017.

NICHELE, Hermes Eduardo. *Plano de traçados de linhas estruturais no modal Maglev para o núcleo urbano central da região metropolitana de Curitiba (PR): sistema de transporte e mobilidade sustentável*. 169 pp. Curitiba: Universidade Federal do Paraná, 2018. Monografia (Curso de Arquitetura e Urbanismo).

PACINI, Paulo; GALHARDI, Eurico; VERDOLIN, Isabella Neves. *Conduzindo o progresso: a história do transporte e os 20 anos da NTU*. São Paulo: Editora Escritos da História, 2007.

PASCAL, Blaise. *Pensamentos*. São Paulo: Martins Fontes, 2005.

POCHMANN, Marcio; OLIVEIRA, Marcos Paulo de. *Impactos do bilhete único na vida do trabalhador: a visão do usuário paulistano*. São Paulo: Datasol, Instituto de Estudos e Pesquisas para o Desenvolvimento com Inclusão Social, 2005.

POMER, León. *A Guerra do Paraguai: a grande tragédia rioplatense*. São Paulo: Global, 1980.

PORTER, Michael E. *Vantagem competitiva: criando e sustentando um desempenho superior*. Rio de Janeiro: Elsevier, 1989.

PORTUGAL, Licinio da Silva (Org.). *Transporte, mobilidade e desenvolvimento urbano*. Rio de Janeiro: Grupo Editorial Nacional, 2017.

PREFEITURA DE SÃO PAULO. *São Paulo Interligado: o plano de transporte público urbano implantado na gestão 2001-2004*. São Paulo, 2004.

PREFEITURA DE SÃO PAULO. "Créditos Eletrônicos do Sistema de Bilhetagem". Disponível em: https://www.prefeitura.sp.gov.br/cidade/secretarias/transportes/institucional/sptrans/acesso_a_informacao/index.php?p=152857. Acesso em: 8 mar. 2020.

PUH, Milan (Org.). *A Croácia no Brasil: histórias de uma imigração*. São Paulo: Croatia Sacra Paulistana, 2015.

REBELO, Darci Norte. *A história do Vale-Transporte: crônicas*. Brasília: Associação Nacional das Empresas de Transportes Urbanos, 2012.

REIS, Daniel Aarão. "A vida política". In: REIS, Daniel Aarão (Coord.); SCHWARCZ, Lilia Moritz (Dir.). *Modernização, ditadura e democracia (1964-2010)*. Rio de Janeiro: Objetiva, 2014, v.5, pp. 75-125.

RIBEIRO, Maria Alice Rosa. *Uma história sem fim: um inventário da saúde pública em São Paulo, 1880-1930*. Campinas: Unicamp, 1991. 2 v. Tese (Doutorado). Disponível em: http://www.repositorio.unicamp.br/handle/REPOSIP/285830. Acesso em: 10 set. 2019.

RUBIM, Barbara; LEITÃO, Sérgio. "O plano de mobilidade urbana e o futuro das cidades". *Revista Estudos Avançados*, São Paulo, v. 27, n. 79, 2013.

SANTOS, Paulo Ferreira. *Formação de cidades no Brasil colonial*. Rio de Janeiro: Editora UFRJ, 2001.

SANTOS, Silvio dos. *Transporte ferroviário: história e técnicas*. São Paulo: Cengage, 2012.

SARMENTO, Carlos Eduardo. "O plano trienal e a política econômica no presidencialismo". CPDOC, FGV. Disponível em: https://cpdoc.fgv.br/producao/dossies/Jango/artigos/NaPresidenciaRepublica/O_plano_trienal_e_a_politica_economica. Acesso em: 14 ago. 2019.

SAVIANI FILHO, Hermógenes. "A Era Vargas: desenvolvimentismo, economia e sociedade". *Revista Economia e Sociedade*, Campinas, vol. 22, n. 3, 2013.

SCHWARCZ, Lilia Moritz. *As barbas do Imperador: D. Pedro II, um monarca nos trópicos*. São Paulo: Companhia das Letras, 1998.

SERRÃO, Joaquim Veríssimo. *História de Portugal [1415-1495]*. Lisboa: Editorial Verbo, 1991.

SILVA, Ayrton Camargo e. "Uma importante história da ferrovia: os bilhetes Edmonson". *Diário do Transporte*, abr. 2011.

SILVA, Ayrton Camargo e. *Tudo é passageiro: expansão urbana, transporte público e o extermínio dos bondes em São Paulo*. São Paulo: Annablume, 2015.

SILVA, Ayrton Camargo e. "O metrô antes do Metrô". *Revista Engenharia*, n. 638, pp. 75-81, 2018.

SILVA, Milena Pereira da. "O despertar de um espírito associativo". In: *A crítica que fez história: as associações literárias no Oitocentos*. São Paulo: Editora Unesp, 2014, pp. 21-67.

SINGER, Paul. "Evolução da economia e vinculação internacional". In: WILHEIM, Jorge; PINHEIRO, Paulo Sérgio (Orgs.). *Brasil, um século de transformações*. São Paulo: Companhia das Letras, 2001, pp. 78-132.

SPTRANS. *Relatório da Administração – 2018*. Disponível em: http://www.sptrans.com.br/media/1537/relatorio_de_administracao_2018.pdf. Acesso em: 7 fev. 2020.

TOLEDO, Roberto Pompeu de. *A capital da vertigem: uma história de São Paulo de 1900 a 1954*. Rio de Janeiro: Objetiva, 2015.

VESENTINI, José William. *Brasil, sociedade e espaço: geografia do Brasil*. São Paulo: Ática, 1994.

VILLEGAS, Maria Dolores. *Procedimento de avaliação dos sistemas de bilhetagem automática para transporte público por ônibus*. Rio de Janeiro: PET/COPPE/UFRJ, 1997. Dissertação (Mestrado).

WESTAD, Odd Arne. *The global Cold War: Third World interventions and the making of our times*. Cambridge: Cambridge University Press, 2007.

YANAZE, Mitsuru Higuchi. *Gestão de marketing e comunicação: avanços e aplicações*. São Paulo: Saraiva, 2012.

ZAMER, Khaled. "Account based ticketing: the benefits and drivers for transit operators". *Journal of Transportation Technologies*, v. 8, n. 4, pp. 331-342, jan. 2018.

ZUMTHOR, Paul. *La medida del mundo*. Madrid: Catedra, 1994 (Historia – Serie Menor).

ZWEIG, Stefan. "The world of security". In: *The world of yesterday: an autobiography*. Londres, Toronto, Melbourne e Sydney: T. and A. Constable, Hopetoun Street, Printers to the University of Edinburgh, 1943-1947, 13-33.

Esta obra foi composta em Minion Pro 12 pt e impressa em
papel Offset 75 g/m² e Couche 115 g/m² pela gráfica Paym.